国家自然科学基金项目（批准号：70973069）

矿区生态产业发展模式研究

Study on Ecological Industries Development Models in Mining Area

王广成 著

图书在版编目（CIP）数据

矿区生态产业发展模式研究/王广成著.—北京：经济管理出版社，2014.4
ISBN 978-7-5096-2983-3

Ⅰ.①矿… Ⅱ.①王… Ⅲ.①矿区—产业发展—发展模式—研究 Ⅳ.①F062.9

中国版权图书馆 CIP 数据核字（2014）第 037431 号

组稿编辑：申桂萍
责任编辑：李玉敏
责任印制：司东翔
责任校对：木　子

出版发行：经济管理出版社
（北京市海淀区北蜂窝 8 号中雅大厦 A 座 11 层　100038）
网　　址：www.E-mp.com.cn
电　　话：(010) 51915602
印　　刷：北京京华虎彩印刷有限公司
经　　销：新华书店
开　　本：720mm×1000mm/16
印　　张：10.75
字　　数：160 千字
版　　次：2014 年 4 月第 1 版　2014 年 4 月第 1 次印刷
书　　号：ISBN 978-7-5096-2983-3
定　　价：39.00 元

·版权所有　翻印必究·
凡购本社图书，如有印装错误，由本社读者服务部负责调换。
联系地址：北京阜外月坛北小街 2 号
电话：(010) 68022974　　邮编：100836

前　言

矿业作为我国的基础产业，在国民经济与社会发展中具有重要的地位和作用。然而，矿产资源的开发对矿区的生态环境产生破坏，生态环境质量的下降制约了区域经济的发展。如何充分综合利用矿产资源、减少生态环境污染与破坏、延长资源开发的产业链，从而构建矿区开发的生态产业链，提出矿区生态产业的发展模式，实现矿产资源开发与生态环境协调健康发展，是矿区生态产业发展有待解决的核心问题。本书对我国矿产资源的合理开发利用乃至全国的经济和社会发展都具有重要意义。

本书是作者承担的国家自然科学基金项目"典型矿区生态产业发展模式研究"（批准号：70973069）的研究成果。全书以典型矿区作为研究对象，以产业生态学的基本理论为基础，综合应用产业生态学、产业经济学、资源与环境管理学、区域经济学、战略管理理论、风险控制理论等开展研究。系统分析了典型煤炭矿区生态产业发展优势与制约因素，探讨了矿区生态产业链的发展模式；研究了矿区生态产业评价方法以及矿区生态产业链延伸机理；系统分析了矿区生态产业共生风险因素以及矿区生态产业共生稳定性，提出了生态产业风险控制的策略。

本书的主要创新有：

（1）系统分析了矿区生态产业的基本特征，运用 SWOT 模型分析了煤炭矿区生态产业发展的竞争优势及约束力；依据煤炭矿区的资源与环境特点，系统归纳了煤炭矿区生态产业链的四种发展模式——煤—电产业链、煤—焦产业链、煤—化工产业链、煤—油产业链等模式；探讨了煤系伴生资源如煤层气、高岭土、矿井水、煤矸石等的综合利用途径与模式。

（2）系统研究了矿区生态产业评价方法。构建了矿区生态产业评价指标体系；建立了模糊综合评价模型，运用层次分析法、熵技术修正权系数法确定各评价指标的权重，构建了各评价指标的模糊隶属度函数。

（3）运用产业生态学、产业经济学、宏观经济学等理论，系统地研究了矿区生态产业链延伸机理；利用 Logistic 模型和博弈论分析方法，研究了共生模式和共生策略对矿区生态产业共生系统稳定性的影响机理，提出了相应的解决方案；应用风险控制理论，分析了矿区生态产业共生系统风险，提出了降低生态产业共生系统风险的策略。

本书在注重理论方法体系建立的同时，又研究了模型与方法，具有一定的适用性与可操作性。但是，由于作者水平有限，书中的错误与不妥之处在所难免，恳请读者批评指正。

在此，衷心感谢中国科学院生态环境研究中心吴钢研究员、北京科技大学李仲学教授、中国矿业大学（北京）陆兆华教授、北京理工大学管理学院院长魏一鸣教授在百忙之中审阅了书稿并提出了宝贵的修改意见，衷心感谢山东省龙口矿业集团公司副总工程师王泮飞的大力支持和帮助；衷心感谢书中的各位引文作者。

山东工商学院经济学院副教授谭玲玲博士，管理科学与工程学院副教授李中才博士、马立强博士，硕士研究生孙博、王欢欢等参加了此项目的研究，做了大量工作，倾注了无数心血。在此，向他们致以衷心的感谢和崇高的敬意！

本书得到了国家自然科学基金（项目名称：典型矿区生态产业

发展模式研究,批准号:70973069)、山东工商学院管理科学与工程学院专著出版基金、山东能源经济协同创新中心的资助,在此表示感谢!

作 者

2014 年 1 月

目 录

第一章 绪 论 ………………………………………………… 1
  一、研究背景 ……………………………………………… 1
  二、研究内容和研究方法 ………………………………… 2
  三、国内外研究现状及其分析 …………………………… 6

第二章 矿区生态产业研究理论基础 ……………………… 15
  一、产业生态学 ………………………………………… 15
  二、产业共生理论 ……………………………………… 19
  三、生态产业园区理论 ………………………………… 21
  四、循环经济理论 ……………………………………… 23
  小结 ……………………………………………………… 25

第三章 煤炭矿区生态产业发展分析 ……………………… 27
  一、矿区生态产业的概念及内涵 ……………………… 27
  二、煤炭矿区生态产业优劣势分析 …………………… 29
  三、煤炭产业链的构建 ………………………………… 36
  四、煤炭矿区生态产业链的发展模式 ………………… 40
  小结 ……………………………………………………… 48

第四章　煤炭矿区生态产业链评价方法 …………………… 51
一、煤炭矿区生态产业链评价指标体系的构建 …………… 51
二、煤炭矿区生态产业链评价模型 ………………………… 56
三、煤炭矿区生态产业链评价实证研究 …………………… 68
小结 …………………………………………………………… 86

第五章　矿区生态产业链延伸机理研究 …………………… 89
一、矿区生态产业链延伸的需求拉动机理 ………………… 90
二、矿区生态产业链延伸的资源环境取向机理 …………… 92
三、矿区生态产业链延伸的政府导向及技术支持机理 …… 96
四、矿区生态产业链延伸的成本推动机理 ………………… 98
五、矿区生态产业链延伸的效益拉动机理 ………………… 101
小结 …………………………………………………………… 105

第六章　矿区生态产业共生模式研究 ……………………… 107
一、矿区生态产业共生模式的分类方法 …………………… 108
二、矿区生态产业共生模式的识别方法 …………………… 109
三、矿区生态产业共生模式演变趋势 ……………………… 112
小结 …………………………………………………………… 116

第七章　矿区生态产业共生系统稳定性研究 ……………… 117
一、矿区生态产业共生及其系统 …………………………… 118
二、矿区生态产业共生系统不稳定的原因及其影响因素 … 119
三、共生模式和共生策略对矿区生态产业共生系统稳定性的影响机理 …………………………………………………… 120
小结 …………………………………………………………… 129

第八章 矿区生态产业共生系统风险研究 ……………… 131
- 一、矿区生态产业共生风险分析 ……………… 131
- 二、矿区生态产业风险控制 ……………… 137
- 小结 ……………… 143

第九章 研究结论与展望 ……………… 145
- 一、主要结论与创新点 ……………… 145
- 二、展望 ……………… 149

参考文献 ……………… 151

第一章 绪 论

一、研究背景

矿业作为我国的基础产业，在国民经济与社会发展中具有重要的地位和作用。矿区是由于矿产资源开采加工行为形成的持续具有共同经济特性、社会功能和环境属性的经济地理区域。在其形成和发展过程中，矿区作为重要的能源和原材料供应地，在为国民经济和社会发展做出巨大贡献的同时，也带动和支持了区域的经济和社会发展。然而，传统生产模式是"资源开发——产品生产——废弃物排放"的单向线性模式。这种"大量生产、大量消费、大量废弃"的模式确实使矿区经济总量得到迅速提高，但同时，带来的却是大量宝贵资源的严重浪费，以及由于对矿区生态环境管理不当所产生的环境污染和破坏问题。传统的矿区产业结构单一，且具有相应的刚性和惯性，矿区的经济发展对资源具有过大的依赖性，采掘业和原材料工业比重大，加工工业和第三产业比重低。如何充分综合利用矿产资源、减少生态环境污染与破坏、延长资源开发的产业链，从而构建矿区开发的生态产业链，提出典型矿区生态产业的发展模式，实现矿产资源开发与生态环境协调健康发展，是矿区生态产业发展有待解决的核心问题。该研究对我国矿产资源的合理开发利用乃至全国的经济和社会发展都具有重要意义。

在理论上，以典型矿区作为研究对象，以产业生态学的基本理论为基础，深入调查区域经济社会矿产资源现状，研究矿区各产业之间的关系，探讨矿区生态产业链的延伸机理，论证矿区生态产业链延伸的合理性与可行性，建立矿区生态产业链延伸发展中的风险控制模型，提出相应对策，建立和丰富矿区产业生态学理论，为矿区开发和规划提供理论依据和智力支持。

在实践上，本书的研究，有利于进一步认识矿区生态产业的形成机理与内在规律，分析产业链延伸发展的可行性，选择适合矿区可持续发展的产业结构和生态产业发展模式，建立生态产业链，并充分认识生态产业链延伸风险，利用风险控制模型，监测和控制风险，避免产业延伸的盲目性和无效性。从宏观上看，有利于国家相关部门对矿区生态产业延伸统一规划和管理，制定促进矿区生态产业链延伸发展的产业政策，并加以指导和控制，防止其盲目发展，避免矿区产业结构趋同。从微观上看，构建生态产业链，可使资源开发利用深化，合理利用尾矿、矸石、煤层气、矿井水，发展相关产业，能带来更多的就业机会和经济效益、生态效益。

二、研究内容和研究方法

矿区的资源开发与生态环境、经济、社会协调发展是世界各国普遍关注的问题，本书选择典型的煤炭资源矿区作为研究对象，在充分了解国内外研究现状的基础上，对典型矿区的资源、生态环境、经济、社会现状进行系统的调查与分析，探索构建生态产业链制约因素及可行性,通过投入产出及技术经济分析,对生态产业链延伸模式的合理性进行论证,研究煤炭矿区生态产业链评价理论与方法,进而提出矿区生态产业发展模式;系统分析矿区生态产业共生风险因素,给出生态产业风险控制策略,丰富和完善矿区生态产业发展理论,促进矿区的持续、稳定、协调发展。

(一) 研究内容

(1) 选择典型煤炭矿区作为研究对象,实地调查矿区的自然资源、生态环境、产业发展、经济社会的现状及存在的突出问题并汇总;分析矿区生态产业链构建影响与制约因素及矿区产业发展的优劣势,进行矿区生态产业理论研究。

(2) 系统研究矿区生态产业的概念及内涵,进行煤炭矿区生态产业的优劣势分析;归纳了煤炭产业链构建的类型,提出了煤炭矿区生态产业链的发展模式。

(3) 煤炭矿区生态产业链评价方法研究。构建煤炭矿区生态产业链评价指标体系,建立生态产业链评价模型,选择典型煤炭矿区对生态产业链进行实证研究,提出矿区生态产业发展建议。

(4) 系统研究矿区生态产业延伸的机理及动因,探讨矿区生态产业共生模式及其演变趋势。

(5) 深入研究矿区生态产业共生系统的稳定性,分析生态产业共生稳定的影响因素,通过 Logistic 模型讨论共生模式和共生策略对矿区生态产业共生系统稳定性的影响机理,提出相应的对策。

(6) 系统分析矿区生态产业共生的风险因素,提出风险控制的实施策略;提出矿区生态产业发展与规划的政策建议。

(二) 研究方法

本书以促进矿区资源开采、区域经济与生态环境协调发展为目的,对矿区的生态产业链构建与延伸问题进行深入研究，本着理论研究与应用研究相结合的原则，定性分析与定量模型相结合，综合应用产业生态学、产业经济学、资源与环境管理学、区域经济学、战略管理理论、风险控制理论等开展研究，充分借鉴国内外专家研究成果，在前人研究的基础上进行创新和发展，尤其对矿区生态产业链延伸机理、风险控制、产业生态环境效益进行深入研究，进而提出矿区生态产业发展模式。

本书采用系统科学的方法，主要体现在：

（1）矿区是一个复杂的社会经济系统，首先利用系统分析方法分析矿区的资源、经济社会、生态环境的主要特征，研究矿区的发展规律及各产业子系统之间的关系、生态产业发展对生态环境的影响机理。

（2）运用产业生态学的基本理论对矿区生态产业概念及内涵进行界定与定义；利用产业经济学理论及其分析方法，分析产业关联问题，并利用 SWOT 法对矿区进行优劣分析；运用产业生态学的基本理论和生态与环境管理理论，结合矿区实际，构建煤炭生态产业链，提出煤炭矿区生态产业链的发展模式。

（3）应用层次分析法，构建煤炭矿区生态产业链评价指标体系；应用模糊数学模型建立煤炭矿区生态产业链评价模型，应用层次分析法赋权、熵值法修正权系数，进一步研究煤炭矿区生态产业链评价方法。

（4）应用宏观经济学、矿业经济学原理，结合交易费用理论和多元化经营理论，研究矿区生态产业链延伸的机理及动因，探讨生态产业链延伸的合理性及可行性。

（5）以产业生态学、产业共生理论、生态产业园区理论、循环经济理论为基础，系统研究矿区生态产业共生模式；从物质流向和供应链两个方面对矿区生态产业共生模式进行识别，并且从不同角度给出共生模式的演变趋势。

（6）采用 Logistic 模型和博弈论方法研究矿区生态产业共生系统的

稳定性，提出相应的解决方案，以维持共生系统的稳定性。

（7）运用风险控制理论与方法研究矿区生态产业共生风险，给出控制风险的策略。

（三）技术路线

根据本书的研究目的和研究内容，调查典型矿区资源、环境、经济、社会现状，分析其特点、问题及相关产业的演变趋势，在产业生态学、产业经济学、资源与环境管理学、生态经济学理论的指导下，研究生态产业的延伸机理、生态产业的生态环境效应，探讨生态产业共生的风险控制策略，提出矿区生态产业发展模式，用于指导实践，即"收集资料—理论研究—建立模型—提出模式—指导实践"的技术路线（见图1.1）。采用这种研究方法与技术路线，将使对矿区生态产

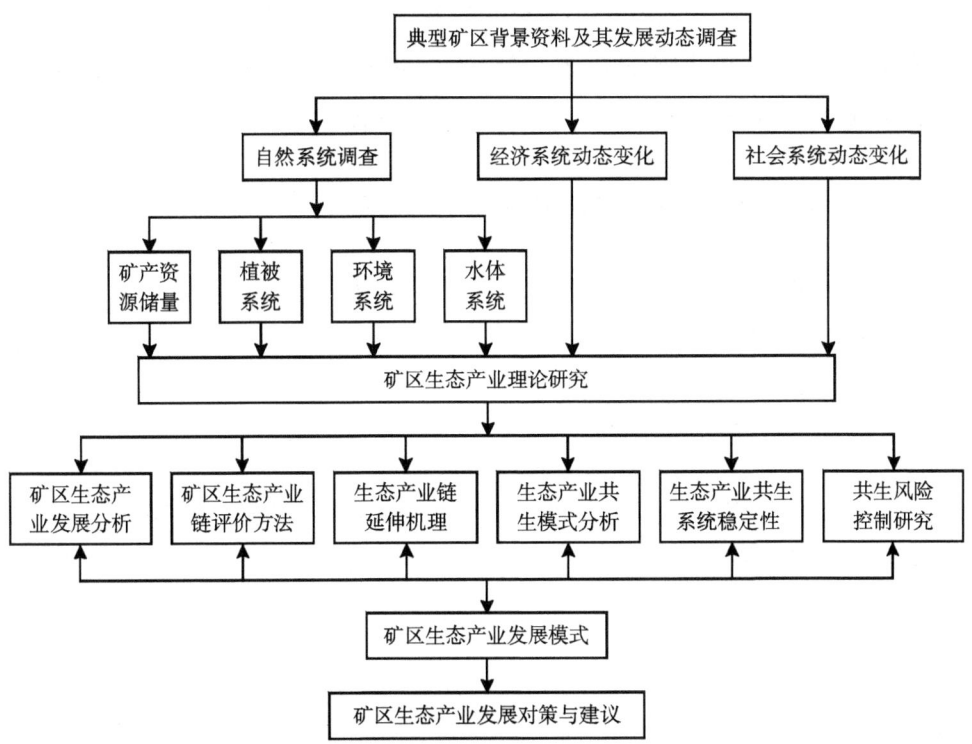

图1.1 矿区生态产业发展模式研究技术路线图

业模式的研究,由一般的定性分析走向定量研究,由偏重理论阐述走向理论研究与模型计算的紧密结合,由逻辑推理走向模拟预测,从而更具有实用性和可操作性。

三、国内外研究现状及其分析

20世纪70年代,随着人类产业活动导致的生态环境日益恶化,人们逐渐认识到研究产业活动与生态环境关系的重要性,产业生态的思想才逐渐得以萌芽和发展。此后,国外学者对这一领域投入较多关注。到80年代末期以后,产业生态学作为一门新兴学科迅速兴起。国内外学者就生态产业理论基础、生态产业网络共生机理、生态产业链评价及稳定性、生态产业园演化与发展模式等方面进行了深入研究,取得了众多成果。在很多国家,生态产业园区也得到了迅猛发展。

(一)国外产业生态学研究最新进展

国外学者对产业生态学的研究始于20世纪60年代末。当时的研究还没有得到足够的重视,但随着工业化进程的加快,环境、资源与经济协调发展的问题受到越来越多的关注,特别是可持续发展思想的确立,使得越来越多的学者加入对产业生态学的研究。

国外学者对产业生态学的概念、内涵、理论、研究领域及其工具、应用其原理建设生态工业的制度化问题展开了深入研究[1-3]。1995年,美国学者Gertler和Allenby[4]提出了具有代表性的观点,认为"产业生态学"中的"生态"不仅指生态学原理的应用,同时也是指工业体系应与周围其他体系(包括生态体系)和谐共存。他们认为"生态产业"具有以下共同属性:①提供资源使用和工业过程中的代谢途径（Metabolite Pathways）；②形成生产中的封闭环；③工业产出的非物质化（Dematerializing）；④能源使用的系统化模式；⑤保持工业投入产出与自然生态体系承载力的平衡；⑥不断调整政策确保工业体系的长期演进；⑦构筑一个新的联合行动机制，保证信息畅通。Hamner 将可持续发展、产业生态学、清洁生产、污染预防等环境管理术语之间的关系看作一个概念楼梯，楼梯的低阶是高阶的亚群[5]，此理论提出了产业生态学的两个基础核心理论，即清洁生产和污染防治。Robert Ayers 在 1989 年提出了"产业代谢"的概念，并从产品的生产流动过程方面对其进行了定义[6]；Søren Nors Nielsen[7] 阐述了现代生态学理论对清洁生产、生态产业和社会发展所发挥的作用，同时提出要谨慎分析自然生态系统与产业生态系统的差异性。

Urmila Diwekar[8] 对传统过程设计框架扩展为绿色过程设计和实现可持续发展的产业生态系统分析前景进行了探讨，绿色设计过程存在众多不确定性和相互制约的多个目标；应用产业生态学原理，这一过程的不确定性进一步增加；将人工智能算法与优化方法结合、利用热力学和物理学等方法约束系统，为解决这一问题提供了有效途径。基于产业生态学原理，Jo Dewulf 等建立了产品、生产过程环境可持续性评价指标体系，并进行了应用研究[9]。Jouni Korhonen 应用产业生态学原理进行了可持续发展战略模型研究[10]。

关于产业生态系统或生态工业园区研究方面，1989 年美国学者 Frosch 和 Gallopoulos 在《科学美国人》杂志上发表题为《制造业战略》的文章，提出了工业生态园的概念，要求企业与企业之间形成废弃物的输出输入关系，其实质是运用循环经济思想组织企业共生层次上的物质和能源的循环[11]。曲恩格研究院（Research Triangle Institute）[12] 将生态工业园定义为一个由制造业和服务业组成的企业生物群落，它通过包括能源、水、原材料这些基本要素在内的环境与资源方面的合作与管理，来实现生态环境与经济的双重优化和协调发展，最终使该企业群落寻求一种比每个公司优化个体表现就会实现的个体效益之和还要大得多的群体效益。Lowe E.等学者强调生态工业园（EIP）的合作机制[13]，认为"EIP是制造业和服务业的共同体，这也是制造业和服务业追求增量的环境和经济效益，产业通过共同体合作寻求集体利益，这一利益大于每个个体的最优化所实现的利益总和"。

Martin等人[14]还对生态工业园区进行了较为详细的研究，对其进行了分类描述，同时建立了一套评价生态工业园区的经济和环境效益的方法学，并将这套方法用于不同类型的生态工业园，结果发现能较好地改善工业区的经济和环境效益。同时，Hawken将生态工业园区看成是一个从有潜在的协同和共生关系定位、指定产业和工厂开始的设计团队[15]。Lowe提出生态工业园实际上是一个产业区，一个制造业和服务业坐落在一起的共同的社区，产业生态园的目标是在提高各参与公司经济利益的同时尽量减少对环境的影响[16]。Schlarb提出了生态产业发展的独特贡献是强调企业间的资源交换[17]。Chertow提出，一个生态工业园区的主要企业可以作为园区的核心特征并且建立其共生过程，有助于确定交换的潜在资源[18]。

Lowe认为，生态工业园是生产企业与服务型企业的合作体，追求环境与经济的双重效益，通过企业间的合作、共生，实现能源、水资源、其他资源的高效利用[19]。Stevenson、Barbiroli、Ehrenfeld、Sagar、Anastas、Lowe、Carr、Grant、Wallner、Newman、Van Holderbeke、Upham认为，产业生态模式是环境与经济共同受益的一种生产组织形式[20-31]。Roberts把生态工业模式称作是传统制造业发展的新阶段，阐述了产业共生关系中应包括企业间的物质、水资源和能源的交换[32]。Boons等人提出了混合生态工业园（Mixed Industrial Park）的概念，描述了产生混合工业园的社会、环境问题[33]。Van Leeuwen阐述了生态工业园所需的政策支持体系以及市场机制对其发展的影响[34]。Chertow以物质交换方式作为标准研究了生态产业的分类问题，分析了

18个生态工业园，提出了5种类型[35]：类型1——废弃物交换型；类型2——组织、公司、企业内部共生型；类型3——生态园内部的合作；类型4——区域间企业合作；类型5——大范围区域的企业合作；同时研究了Kalundborg、Styria、Massachustts多个生态产业园。Korhonen将生态系统的四个原则（循环性、多样性、区域性和进化性）引入产业生态系统，对于产业共生关系的研究具有很大的启发作用[36]。Côté和Smolenaars认为缺少多样性的生态产业园的稳定性较差，多样性对生态产业系统具有重要意义[37]。Ayres R. U.模拟生态系统，将生态产业园的不同企业划分为生产者、分解者、消费者[38]。Cohen-Rosenthal和Lowe E. A.研究了生态产业的发展过程以及对可持续发展的贡献[39-40]。Korhonen分析了发展生态产业的两个途径，即基于产品的生态产业模式和基于地理位置的生态产业模式[41]。Andrews C. J.、Carr A. J. P.、Côté R. P.、Erkman S.和Grant J.从空间维度入手，对生态产业系统的结构进行了分析[42-47]。Terry Tudor、Emma Adam和Margaret综述了生态产业的理论基础、发展历程以及内在局限性[48]。

20世纪90年代以来，生态产业园区开始成为世界产业园区发展领域的主题，一些发达国家，如丹麦、美国、加拿大等产业园区环境管理先进的国家很早就开始规划建设生态产业示范园区，并取得了较丰富的经验。其他国家如泰国、印度尼西亚、菲律宾、纳米比亚和南非等发展中国家也正在积极兴建生态产业园。在美国应用产业生态学的基本原理规划和发展了生态产业园，以增强商业的竞争力，减少了废物排放和污染，创造了新的就业机会，改善了工作条件；尽管工业园在持续增长，但仍缺乏对生态工业园对可持续发展的潜在贡献经验研究；David Gibbs等[49]进行了广泛调查，发现生态工业处于早期发展阶段，并揭示了其主要特征，如内部公司网络、原材料内部交换。在新加坡，应用产业生态学、景观生态学的基本原理在Jurong岛进行了产业生态园规划，使得工业生产、"三废治理"、生态与环境保护协调发展，景观进一步美化[50]。国外学者也对矿业洁净生产的应用框架及矿区产业环境管理的实践进行了大量的研究[51-53]。

随着生态产业基础理论研究、实践的不断深入，生态网络分析方法在该领域也得到了广泛的关注。这种方法起源于货币流经济分析。1973 年，Hannon 首次使用经济学中的输入—输出分析法研究生态系统的生态流分布特征[54]。自从 Finn 和 Patten 等人发表有关生态网络分析方法的论文以来，生态网络分析方法的研究取得重大进展[55,56]。目前，生态网络分析方法已经成为分析生态系统结构与功能的重要方法，它能够揭示生态系统的行为特征，描述复杂的生态流作用关系，已被广泛应用到自然生态系统的研究、设计中[57-59]。生态网络分析方法不仅广泛应用于生态系统，而且逐渐被应用到社会、经济的多个领域[60-67]。近年来，生态网络分析方法在产业生态领域也获得了较多应用和研究。Nandan U. R. 和 Ukidwe 采用网络分析方法研究了化学工业的生态产业问题[68]；Liang Chen、Rusong Wang、Jianxin Yang 等研究了生态产业系统的结构复杂性问题[69]；Sang Hun Kim 等对生态产业网络效率优化方法进行了研究，以 Yeosu 工业园进行了实证研究[70]；Ariana Bain 等使用生态网络分析方法对产业共生关系以及水资源恢复进行了研究[71]。

（二）国内研究现状及最新成果

国内学者就生态产业共生机理、生态产业及工业园区评价指标体系、生态产业稳定性、生态工业园系统的演化与调控方面进行了大量研究，取得一系列成果。我国生态产业园区建设也取得了积极进展。同时，在矿区产业生态系统构建、矿区生态产业共生与区域经济耦合机理方面，也取得了若干研究成果[72,73]。

1. 煤炭产业发展循环经济的模式方面

张国英等[74]介绍了循环经济的概念、原则以及煤炭行业发展循环经济的特征,分析了循环经济体系内可能存在的产品流向,并着重探讨了煤炭行业发展循环经济的小循环、中循环和大循环三种模式。李娟娟[75]论述了煤炭工业园产业链的一般模式,分析了煤炭企业通过深加工、资源循环利用等方式所形成的企业产业链;通过实例较深入剖析煤炭生态工业园的生态产业链构建模式,分析了产业链带来的经济效益、生态效益和社会效益。席旭东等从矿区生态产业链的概念、形式、类型等方面进行研究,描述了矿区生态产业链的特性及链接关系,并对煤炭矿区生态产业链的结构与功能进行了分析,提出了矿区生态产业链的两种形式:纵向生态产业链和横向生态产业链,以及矿区生态产业链的三种类型:产品生态产业链、剩余生态产业链和能量生态产业链[76-78]。

2. 产业共生网络研究方面

产业共生(Industrial Symbiosis)的概念是借鉴自然生态系统的共生含义逐渐丰富起来的,迄今为止,对该领域的研究主要局限于生物学和环境学领域的范畴,而未得到管理学界的普遍关注。学术界对产业共生内涵的认识日益深化,以 Engberg(1993)[79]为创始,从强调物质交换,逐渐扩展到注重企业间长期合作关系的产业共生网络的持续发展。王兆华等运用经济学交易理论分析了产业生态系统,揭示了系统共生的机理[80]。国内学者从环境伦理、企业环境责任[81,82]、共生产业链[83]、经济价值分析[84]、产业价值链[85]等角度分析了促进产业共生网络形成的各种因素,探讨了共生产业链的形成机理及其稳定性。王兆华[86,87]从环境取向、成本推动、效益拉动以及内生动力四方面系统研究了共生网络的生成机理,探讨了共生网络产生的成本传导规律;因为共生网络有着非常复杂的系统结构,因此共生网络的形成及其发展具有自发的原动力,满足共生系统形成条件之后,聚集在生态工业园中的各个企业通过自组织机理以及协同机理的作用能够自发地形成工业共生网络。

钱书生、李辉分析了共生模式演进的原因，建立了模块化体制运行效率的数量分析模型[88]。董博等分析了自主实体共生和复合实体共生两种模式的优缺点、共生和差异[89]。郭莉[90]将工业共生的运作方式作为分类标准，将共生划分为平等型、依托型、依赖型以及单方获利型四种共生模式：平等型工业共生企业的正向行为外部性有利于工业共生的进化；关键种企业的存在实现了依托型工业共生模式；依赖型工业共生的高资产专用性妨碍了工业共生的进化过程；单方获利型工业共生实质上是一种环境资源上的外包。王兆华等对产业共生网络的运作模式进行了研究[91]。吴志军探讨了产业共生网络运作中存在的投机行为[92]。

3. 生态产业及工业园区评价指标体系研究方面

袁增伟等[93]从产业经济、社会和环境效益最大化的角度对江苏省五类产业的生态化水平做了对比，建立了基于层次分析法的生态产业指标体系，认为要提高该产业的生态化水平需加强对产业效率和经济发展质量的重视。刘景洋等[94-99]从经济、技术、管理和生态环境四个方面选取指标，构建了包括目标层、准则层和指标层的多层次生态工业园区评价指标体系。陈殊、焦均志、王向丽等对生态工业园的评价指标体系也进行了相关的分析与研究[100-102]，其中，陈殊从资源减量水平、产业和社会发展、资源循环利用程度和污染减排水平四个方向，运用频度统计法、理论分析法和专家咨询法设置和筛选指标，建立了产业生态化指标体系的层次结构模型，并对重庆市的产业生态化发展水平作了综合评价；焦均志以生态、经济、管理和环境四个指标为一级指标，采用灰色综合评价法构建了生态工业园区评价指标体系，并对岳阳生态工业园区进行了实证评价；王向丽运用层次分析法建立了以经济发展水平、物质减量与循环水平、污染控制水平为准则层的生态工业园区指标体系结构。

4. 生态产业链稳定性研究方面

邓华[103]以我国产业生态系统（IES）为研究对象，系统地研究了政府支持、技术充足等五个因素对我国 IES 的稳定性具有显著影响，验证并修订了我国 IES 稳定性影响因素理论模型。徐立中[85]等运用了波特的价值链理论，通过多主体建模的方法分析了产业共生的价值体系并进行了实证研究，经过模型的演化运行和环境变量的微调，研究了生态产业共生在价值上建立稳定机制的方法和理论框架。喻宏伟等[104]以武汉新沟生态工业园为例，剖析了 EIP 稳定性的内涵，从博弈论的角度探讨了影响 EIP 稳定性的制度根源，从新制度经济学的角度提出了增强 EIP 稳定性的政策建议。

蔡小军等[83]提出了一种基于合作博弈的利益分配模型，在此基础上系统研究了共生产业链稳定的形成机理。共生产业链稳定的必要条件是满足：①任何一个组织进入共生产业链后，该共生产业链所创造的总体收益，应该大于该组织与原始共生产业链各自所创造的收益之和；②共生产业链中每个成员获得的预期合理收益应该为该成员参与所有合作方之间各种不同共生关系组合时所创造的其余收益贡献值与其成功概率的积。共生产业链稳定的充分条件是，共生产业链的合作各方均应该获得其所有共生链组合中的最大收益。

周浩运用生物学中的 Logistic 方程，通过对处于集群形成过程中企业产出水平的刻画，动态地描述企业集群现象[105]；进一步探讨了卫星式、网状式两种企业集群模式，并给出两种集群模式达到稳定共生的条件和经济解释；主要结论是，集群内部激烈的竞争是企业集群达到稳定共生的关键。

高伟[106]研究了工业共生模式及稳定性内涵，分析了两种典型共生模式稳定性的影响因素，建立了稳定性影响因素调整的三维理论模型；探讨了影响稳定性的技术因素和政府支持因素的作用机理；借用种群生态学中描述两种群互利作用关系的数学模型，建立了描述企业间互利共生关系的数学模型,给出了自主实体和复合实体两种共生模式在生态链接关系上的稳定共生条件。

5. 生态产业园区理论与实践方面

王震等学者阐述了生态产业园的理论基础、生态产业园的特点、规划设计中的基本原则[107]。韩良等[108]对国内外现有的生态产业园区类型进行归纳和划分,在此基础上分析和比较国内外典型生态产业园区的发展模式,指出不同模式的优长与局限。汪明峰[109]构建了宁波化学工业区生态产业发展框架,并提出相应的发展策略。金永红等[110]分析了生态工业园区产业共生链网结构模式,探讨了生态共生链网的平衡、稳定与发展等问题。崔铁宁[111]研究了生态产业园区的组成要素和原则以及可行性分析理论和方法、管理措施和保障机制等重点、难点问题。

6. 在实践方面

我国从1999年开始进行生态工业园建设。截止到2006年,全国共有23个生态工业园示范园区,其中广西贵港的贵糖集团工业园区和山东鲁北生态工业园区等做得比较好[112]。Yiping Fang等[113]对生态产业在中国的发展现状作了评述,选择了具体案例进行分析,结果表明中国的生态产业处于成长初期。Bing Zhang等[114]运用数据包络分析方法对我国产业系统的生态效益进行了分析,提出了生态效益产生的动因及实施环境保护的策略。在国内有关矿区生态产业理论及其应用方面刚刚起步,缺乏系统深入研究。

总之,产业生态学从理论研究到实践应用都处于探索和发展阶段。国内外的众多研究成果也为本书的研究奠定了基础。

第二章　矿区生态产业研究理论基础

产业生态学理论是矿区生态产业发展模式的重要研究基础，生态产业共生理论、生态产业园区理论、循环经济理论和实践与矿区生态产业发展模式研究有着密切的联系，本章分别对这些领域的基本理论和科学思想进行述评。

一、产业生态学

作为一门新兴学科，产业生态学的概念和内涵还在不断发展和完善之中。这也是任何一个学科在发展初期所必然要经历的过程。在产业生态学不断发展的过程中，不同的学者从各自专业背景和理解出发，对产业生态学概念进行不相同但却十分相似的阐述。随着研究的不断深入，人们对产业生态学内涵的论述和理解逐渐趋向一致。

《产业生态学》杂志主编 Lifset（1997）在发刊词中指出："产业生态学是一门迅速发展的系统科学分支，它从局部、地区和全球三个层面系统地研究产品、工艺、产业部门和经济部门中的能流和物流，其焦点是研究产业界在降低产品生命周期过程中的环境压力中的作用。产品生命周期包括原材料采掘与生产、产品制造、产品使用和废弃物管理。"[115]

中国科学院生态环境研究中心王如松研究员（1999）则从"社会—经济—自然复合生态系统"理论出发，认为"产业生态学是一门研究社会生产活动中自然资源从源、流到汇的全代谢过程、组织管理体制以及生产、消费、调控行为的动力学机制、控制论方法及其生命支持系统相互关系的系统科学"。

2000年成立的产业生态学国际学会（The International Society for Industrial Ecology）认为：产业生态学提供了一个强有力的多视角工具，通过它可审视工业和技术的影响及社会和经济中相关的变化。它研究产品、过程、产业部门和经济活动中的原料和能源在局域、区域和全球范围的使用与流动。它关注产业通过产品生命周期及与之相关的问题在减少环境负荷方面的潜在作用[116]。

Seager（2002）认为，"产业生态学是关于人类产业系统与其环境相互作用关系的研究领域或学科分支"。

Lifset、Graedel 和 Allenby（2002）在《Industrial Ecology》一书中论述了产业生态学的概念："IE 是人类在经济、文化和技术不断发展的前提下，有目的、合理地去探索和维护可持续发展的方法。它要求不是孤立而是协调地看待产业系统与其周围环境的关系。这是一种试图对整个物质周期过程——从天然材料、加工材料、零部件、产品、废旧产品到产品的最终处置——加以优化的系统方法。需要优化的要素包括物质、能量和资本。"[117]

总之，产业生态学可概括为是一门研究产业子系统与自然生态系统整体之间相互作用关系及其可持续发展的交叉学科。产业生态学总体上包括以下科学思想和观点[116]：

（1）系统思想：它是一种关于产业体系所有组分及其与生物圈关系的系统性、综合性和完整性的分析视角，利用诸如"物质流分析"、"生态周期评价"等系统技术来了解其与环境系统之间的关系。

（2）全过程的思想：它将考虑产品、工艺或服务整个生命周期的环境影响，而不是只考虑局部或某个阶段的影响。

（3）长远发展的思想：它关注环境的长期适宜性，着眼于人类与生态系统的长远利益关系，努力了解对基本的生命支持系统和循环的干扰，关注生产、使用和再循环利用技术未来潜在的环境影响，而不是对短期的局部干扰做出反应。

（4）全球化的思想：它不仅要考虑人类产业活动对局部、地区的环境影响，也要考虑对人类和地球生命支持系统的重大影响。重点是区域性和全球性的具有持久性和难于处理的问题。

（5）知识经济的思想：科技的动力，也即关键技术种类的长期发展进化，是产业体系的一个决定性（但不是唯一的）因素，有利于从自然生态系统的循环中获得知识，把现有的产业体系转换为可持续发展的体系。

（6）多学科集成的思想：IE 涉及多学科的知识，主要的学科领域包括环境科学、系统科学、生态学、工业生产与组织、具体的技术科学、产业经济学、法学、管理科学以及社会科学等多学科知识。

目前，产业生态学的主要研究领域及研究方法主要有：

（1）工业系统与自然系统的对比研究。工业生态与自然生态具有某些类似的生态特征，如消耗物质与能量、产生残余物、对环境具有适应性等。通过比较，借鉴自然生态系统中新陈代谢、食物链、生态位、生态平衡等概念和机理，探讨工业生态中的物质流、能量流及其构成的"食物网"形态、物质集成与能量集成方式，探讨工业系统的柔性以适应外界环境的干扰等。常用的研究方法有"供给链网"分析和物质平衡核算。

（2）研究可减轻工业对环境影响的具体技术措施，包括物质减量化和脱碳（Dematerialization and Decarbonization）、生命周期设计（Life Cycle Design）和为环境设计（Design for Environment）、技术变革（Technological Change and the Environment）等。

(3)研究对工业过程、工业生态系统进行分析、监测和评价的方法，包括原料与能量流动（工业代谢）分析（Material and Energy Flows Analysis）、产品或过程的生命周期分析与评价（Life Cycle Assessment）、生态效益（Eco-Efficiency）、生态工业评价指标（Eco-Industry Indicator，EII）的建立等。

工业代谢分析方法是建立生态工业的一种行之有效的分析方法，它是基于模拟生物和自然界新陈代谢功能的一种系统分析方法。

生命周期评价主要研究如何利用有限的、不确定性的甚至是经验的数据评估和量化产品从原料采掘开始到产品制造、使用、报废处置整个生命周期中物质、能量的消耗以及对环境造成的影响，并探讨削减这些影响的方法。生命周期评价方法目前已有国际标准，广泛应用于产品和服务、设计和管理等多个领域。

生态工业评价指标 EII 是用以衡量工业生态系统资源和能源转化效率的量，如产品与废物比、物质（或能量）的循环率和损失率等。制定评价指标不仅要考察行业内部，而且要考察不同行业之间的物、能使用情况，揭示它们的相互关系，并能够预测出它们对社会和环境的影响。这些评价指标能够揭示出不同行业和部门间提高资源使用效率的"瓶颈"和潜力，推动它们之间的物质和能量的交换。EII 的研究结果可以融入生命周期评价的影响评估阶段。

(4)研究可促进生态工业实现的具体措施，包括生态工业园（Eco-Industrial Parks）、生态产业链（Eco-Industrial Chains）、延伸生产者的责任（Extended Producer Responsibility）、产品导向的环境政策（Product-riented Environmental Policy）等。

产品导向的环境政策认为，产品的环境责任人不仅仅是生产者，产品设计者、产品经销者以及废弃产品的回收处理者也都是产品整个生命周期过程的参与者，他们应该承担保护环境的相应责任，都应该是产品环境负责人。要从根本上控制环境污染就必须使与整个生命周期各个阶段相关的责任人共同努力，协调这些产品的环境负责人责任的实施，则要通过政府权威的力量制定相应的国家政策来实现，这也就是产品导向的环境政策的含义。

产业生态学的应用涉及微观、中观（产业部门或区域）、宏观三个层次：微观上，它是具体产品和工艺的生态设计或生态评价方法；中观上，它是企业或者企业群生态能力建设的主要途径和方法；宏观上，它是国家产业政策的重要理论依据。总之，产业生态学既是一种分析产业系统与自然系统、社会系统以及经济系统之间关系的一种系统工具，同时也是一种发展战略与决策支持手段[118]。

应用产业生态学理论可以研究矿区共生系统内的物质和能量的流动，可以对系统内形成的共生网络进行评价，分析共生系统内各个节点企业间的相互关系，还可以对系统内各个节点产生的产业链的稳定性进行分析，对形成的共生网络进行生态评价。产业生态学理论是对整个矿区生态产业共生系统进行分析与研究的重要理论基础。

二、产业共生理论

共生是生物生态学中经常出现的现象，是两个物种之间的亲密关系，可能对其中一个有利（偏利共生，Parasitic Symbiosis）或对双方都有利（互利共生，Mutualistic Symbiosis）。偏利共生是指两个物种间，其中一种因联合生活而得益，但另一种并未受害。互利共生是指两个物种之间，均从对方获益，如一方不存在，另一方则不能生存；这种共生关系是永久性的，而且还具有义务性。生物进化涉及长期的协同进化，生态产业共生可以是偶然发生的，也可以是规划设计的。关于产业共生的一个较为完整的定义为："产业共生指的是不同企业之间进行的合作,通过这种合作,来共同提高企业的生存及获利的能力,与此同时,通过这种合作实现对资源的节约以及对环境的保护,这里的产业共生被用来说明相互利用副产品的企业合作关系。"

产业共生的内涵主要有[119]:第一,产业共生是现代企业模仿自然生态系统所产生的一种创新模式。它模仿自然生态系统中生物种群之间的共生关系交互原理,在企业之间逐步形成具备生产者、消费者、分解者三者的生态产业链,各个企业之间通过对废弃物进行交换从而达到对资源的循环利用以及减少物质的使用与污染的低排放甚至达到零排放。第二,产业共生指的是系统内企业间竞争与合作的关系。企业间不仅仅单纯地包含物质以及能量之间的交互,而且还包括人才流、信息流、技术流以及创新流的合作与交互。第三,产业共生是具有更大空间上的一种合作网络。从开始的企业之间对副产品的合作,逐步到企业之间各方面的合作,直至由企业间扩大到企业、社区以及政府部门三者之间更为广泛地进行合作,通过这种广泛的合作,共同提高企业的生态效益和经济效益。

从一般意义上来讲,产业共生的基本原理指的是产业系统模仿生物界生态系统的共生关系,在追求获得更高生产效率的同时实现最低的废弃物排放量。这样的产业生态系统应该对产品制造过程中产生的废弃原材料进行重复的利用,以此来实现资源利用率的最大化以及产生废弃物的最小化。实现产业共生有两种方法:①选择一种或者一组原材料,分析它们在产业生态系统中的流动方式;②选择其中的一种产品并且分析其各种原材料的流动方式。通过对它们的流动方式进行分析,可以对其中不是最优的方式进行相应的修正,从而优化生产和环境之间的相互作用[119]。

产业共生模仿自然生态系统将矿区内的所有企业联系在一起,形成庞大的共生网络,具有很多优点,比如提高了资源的使用率、减少了废物的产生和排放、为企业增加了收入、提高了共生系统的稳定性、降低了共生系统的风险、提高了共生系统的防御性等,但是与此同时也存在着很多的不足之处,比如共生网络在现实的操作过程中,并非所有各阶段产生的废弃物都能得到充分的利用;副产品的供应不确定性很有可能影响到共生网络的稳定性;共生网络中各个节点成员存在的投机行为也很有可能给共生网络带来很大的风险,导致共生网络的不稳定;等等。

三、生态产业园区理论

生态产业园区是以产业生态学理论和循环经济理论为基础形成的一种新型的产业组织形态,是生态产业的聚集地。产业生态学将工业园区设想为一种自然生态系统,存在着物质、能量和信息的流动,通过对工业代谢的分析与研究,利用生态系统的整体性原理,将各种原料、产品、副产物甚至所排放的废弃物,利用物理、化学成分之间的相互联系、相互作用组成一个结构以及功能相互协调的共生网络系统。生态产业园区是实现生态产业的重要途径,是经济发展和环境保护的大势所趋。

和传统的生态园相比,生态产业园具有一些不同的特征。一个生态产业园区最基本的属性是各企业之间的关联性和与自然环境间的相互作用关系。对生态产业园主要的描述是系统、合作、相互作用、效率、资源和环境。生态产业园区不仅仅是一种单一的副产品交换模式或交换网络,也不仅仅是一种循环利用的商业群的汇聚;不仅仅是一种生产绿色产品的企业的汇聚,也不仅仅是一种仅围绕某一单一主题而设计的产业园区或具有环境友好基础设施或建筑的园区。在总结前人的工作和对比传统工业园区的基础上,R.P. Côté(1998)提出生态产业园区的主要特征有[120]：①具有明确主题，但不仅仅只是围绕单一主题而设计、运行，在设计工业园的同时考虑社区的要求；②通过毒物替代、二氧化碳吸收、物质交换和废弃物的综合治理来减少环境影响和生态破坏，但生态产业园不单纯是环境技术公司或绿色产品生产企业的集合；③通过共生和层叠实现能源效率的最大化；④通过回用、再生和循环利用对材料进行可持续利用；⑤与生态产业园所在的社区以供求关系形成更大的网络，而不是单一的副产品或废弃物交换模式或交换网络；⑥通过各成员自己和作为整体的社区来持续改进环境性能；⑦拥有调控体系，允许一定灵活性而鼓励成员适应整体运行目标；⑧使用经济型设备和手段来抑制废弃物和污染；⑨使用信息管理系统，促进园区内物质和能源的闭路循环；⑩准确定位生态产业园及其成员的市场，利用市场定位吸引能填补园区空缺生态位和能与之互补的公司加入；⑪创建一种机制，对管理人员和职工开展有关新政策、新工具等方面的培训和教育，以改进系统。

关于生态产业园区的分类如下：①从原始基础的角度，可以划分为现有改造型与全新规划型。②从产业结构的角度，可以划分为联合企业型与综合园区型。③从区域位置的角度，可以划分为实体型与虚拟型。

生态产业园区是一个市场的共同体，园区内的企业相互合作并有效地分享资源（信息、原料、水、能源、基础设施和自然环境），从而导致经济的增加和环境质量的改善，使市场和区域共同体发展所需资源合理增加。

生态产业园区运作模式研究主要探讨生态产业园及其系统构成与特征，生态产业园区内企业间的链接与耦合方式，生态产业园区企业的交易行为与共生机理，生态产业园区信息管理与决策支持系统，生态产业园的规划与优化方法，生态产业园的建设模式，生态产业园的评价方法，促进生态产业园实现的制度，生态产业园建设的跟踪研究与比较研究等。

生态产业园区理论对矿区生态产业共生系统的研究有着重大意义，可以对共生系统进行整体描述，有助于对系统内各个企业的合作性进行分析，从整体上提高共生效率，对共生网络进行优化，使得各个节点企业合作产生的整体效益大于单个企业效益的加和，对共生系统建立概念模型，对共生系统进行优化。

四、循环经济理论

循环经济（Circular Economy）是对物质闭环流动型（Closing Materials Cycle）经济和资源循环（Resourses Circular）的简称，它的出发点是：人类社会系统是生态系统中的一个子系统，资源环境是人类经济赖以发展的物质基础。循环经济是为了逐步减轻人类社会物质代谢的过程对生态系统所产生的冲击力，依据资源—生产/消费—再生资源这种循环模式形成的一种既存在内部物质循环的反馈机制，又合理地融入到生态系统内物质循环的经济体系中去。简单地说，循环经济指的就是在生产、流通和消费等过程中进行的减量化、再利用、资源化活动的总称。

循环经济与传统经济存在着本质上的区别：①系统观不同。循环经济要求人在生产和消费的过程中，将自己作为自然资源和科学技术构成系统中的一部分。②经济观不同。循环经济要求运用生态学规律对经济活动进行指导，重点需要考虑的是生态承载能力。③价值观不同。循环经济把大自然作为人类赖以生存的基础，是一个需要维持良性循环的生态系统。④生产观不同。循环经济对自然生态系统的承载能力有着充分的考虑，目的是在尽可能地节约自然资源的同时，提高自然资源的利用率。⑤消费观不同。循环经济所提倡的是适度消费、绿色消费,实现可持续性消费。

循环经济遵循的基本原则为3R原则(如图2.1所示),即减量化(Reducing)、再使用(Reusing)、再循环(Recycling)。减量化原则属于输入端原则,目的是减少进入生产和消费流程的物质量;再利用原则属于过程中原则,目的是延长产品使用寿命以及服务的时间;再循环原则属于输出端原则,通过把废弃物再次变成可以利用的资源以重复利用来减少最终废弃物的处理数量。

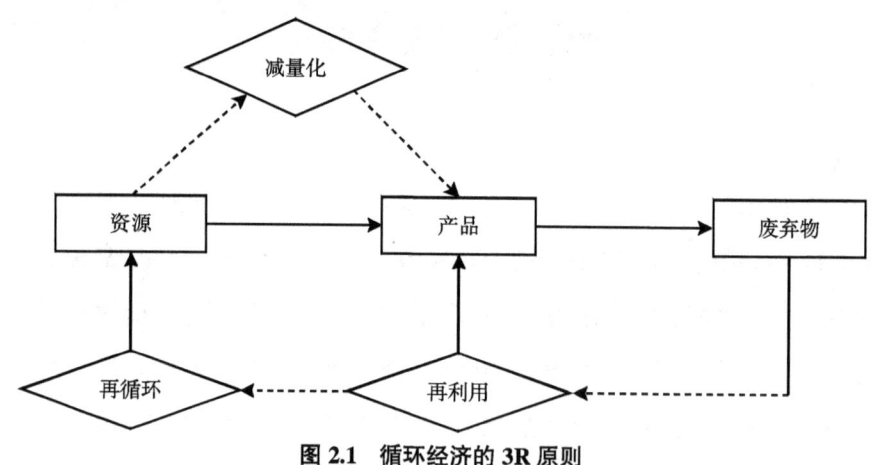

图2.1 循环经济的3R原则

循环经济具有自身的独立特征。主要体现在五个方面[121]:①物质流动多重循环性。循环经济要求把经济活动组织成为一个"资源—产品—再生资源"的物质闭环循环流动过程,达到自然资源的低投入、高利用和废弃物低排放的目的。②科学技术先导性。循环经济的实现是以科技进步为条件的。循环经济对污染控制的方法不再采用末端治理的方法,而是通过完整的物流分析,使人们发现和得到全部过程的控制方法和技术。③综合利益一致性。循环经济把经济发展建立在自然生态规律的基础之上,使得生态效益、社会效益以及经济效益达到协调和统一。④全社会参与性。循环经济涵盖了经济、社会和技术等多方面内容,它的发展需要企业、消费者和政府的共同努力,才能使社会整体的效益最大化。⑤清洁生产。循环经济在当前企业层面上的主要表现形式就是清洁生产。清洁生产是在工业生产的过程中对污染加以控制的一种生产方式,它的核心是从污染源开始,利用一切可能的措施来减少在生产和服务的过程中对环境有可能产生的污染。

循环经济是社会经济可持续发展的一种模式,与此同时也是矿区实现可持续发展的选择。目前,学术理论界针对循环经济存在的问题有着不同的观点,企业界对循环经济的实践活动也在三个方面展开了探索:①企业内部的清洁生产;②产业间的清洁生产;③社会层面上废弃物的回收和再利用。

循环经济理论在矿区方面的研究主要集中在两个方面:一是在微观方面,研究对象为各节点企业,主要侧重于矿业企业内部的物质和能量的流动,也可以称为"小循环";二是中观层面,研究对象为各节点企业之间,主要侧重于在矿区层面上建立生态产业链,从区域层面上考虑如何实现循环经济,也可以称为"中循环"。

小 结

本章简略论述了矿区生态产业研究的理论基础——产业生态学、产业共生理论、生态产业园区理论以及循环经济理论。首先介绍了产业生态学理论,在几十种产业生态学的定义中,主要介绍了五种具有代表性的观点;进一步剖析了产业生态学的生产科学思想及主要观点;阐述了产业生态学的主要研究领域及研究方法。介绍了产业共生的概念,系统地论述了产业共生的基本内涵;分析了实现生态产业共生的基本方法,探讨了生态产业共生的优劣势、各级系统存在的风险及其不稳定性。

生态产业园是产业生态学理论在实践中最成功的应用方式，而生态产业链是生态产业园的骨架结构。进一步探讨了生态产业园的基本特征、生态产业园类型；概述了生态产业园区运作模式研究的内容及方法、生态产业园区理论对实践的指导意义。

循环经济本质上是一种生态经济，论述了循环经济的基本理论，包括循环经济的概念、3R 基本原则及循环经济发展的三个层次。

第三章 煤炭矿区生态产业发展分析

一、矿区生态产业的概念及内涵

矿区生态产业是基于矿区生态系统承载力，按生态经济原理组织起来的，具有高效的经济过程及和谐生态功能的网络型、进化型产业。其实质是生态工程在矿业中的应用，目的是通过两个或两个以上的生产体系或环节之间的系统耦合，使物质能量多次利用、高效产出，资源环境能系统开发、持续利用，谋求资源的高效利用和有害废弃物向系统外的零排放。

矿区生态产业共生是指把产业系统视为生物圈的有机组成部分，在生态学、产业生态学等原理的指导下，按物质循环、生物和产业共生原理，通过对产业链横向、纵向的系统优化耦合而形成的高效率、低消耗、无（低）污染、经济增长与生态环境相协同，具有和谐的生态功能的网络型、进化型产业。由于生态产业共生将决定整个区域社会经济系统的稳定性和可持续性，因此，矿区生态产业规划与建设至关重要。

与自然生态系统相似，矿区生态产业系统是由生产者、消费者、流通者、还原者和调控者互相耦合构成的。生产者不仅包括利用基本环境要素（如空气、水、土壤岩石、矿物质等自然资源）进行生产的初级产品生产者——矿业企业等，还包括生产服务产品、信息、文化产品的生产者。消费者则包括初级产品的深度加工和高级产品的生产者（煤电厂、煤化工企业）以及最终产品的消费者。流通者主要是提供各种资源供给和产品运输。还原者是把企业产生的副产品和废弃物进行处置、转化和再利用，其主要功能是废弃物循环利用，如利用矿井废弃的矸石生产建材产品、利用矿区排水发展生态农业等。调控者一般是指政府行政机关利用各种手段对生态产业系统的宏观调控和管制，也包括企业内部的自我控制。

矿区生态产业系统的主要特征包括：①群落性。由于矿区生态产业是按照产业生态学原理、模仿自然生态系统食物链的客观规律而发展起来的，因此，具有自然生态系统中生物群落的某些特性，体现在它是由若干彼此相关联的产业单元或生产过程共同组成的产业共同体。在此共同体内部，有一个或几个"关键种"企业或生产过程存在，处于优势地位。矿区生态产业内部企业或生产过程，相互作用，密切配合，在能量、物质和信息等方面相互利用。②产业分布的非对称性。由于矿区生态产业网络中存在着复杂的链接关系，在一定程度上影响着矿区生态产业网络中的产业数量。前导产业、传递产业和末端产业之间的数量分布呈现倒金字塔形。这是由产业食物的流动分散性引起的。③产业网络发育的阶段性。矿区生态产业网络具有体现时间变化的动态性和空间不同的异质性特点。在矿区工业系统萌芽时期，矿区生态产业链结构简单，往往呈直线形；随着矿区工业系统逐渐发展，矿区生态产业链从低级到高级，从简单到复杂，由链状结构到链与链之间横向耦合成的网状结构，最后由链与网、网与网之间相互作用耦合，成为具有一定时空特性的多维立体复杂网状结构。这种网状结构，对于外界的干扰具有较大的抵抗能力，因而具有较强的稳定性。

煤炭产业链的构建应根据矿区资源状况和矿井分布情况，通过产业间的物质集成、能量集成和信息集成，形成产业间的工业代谢和共生关系。煤炭产业链条构成如图 3.1 所示。

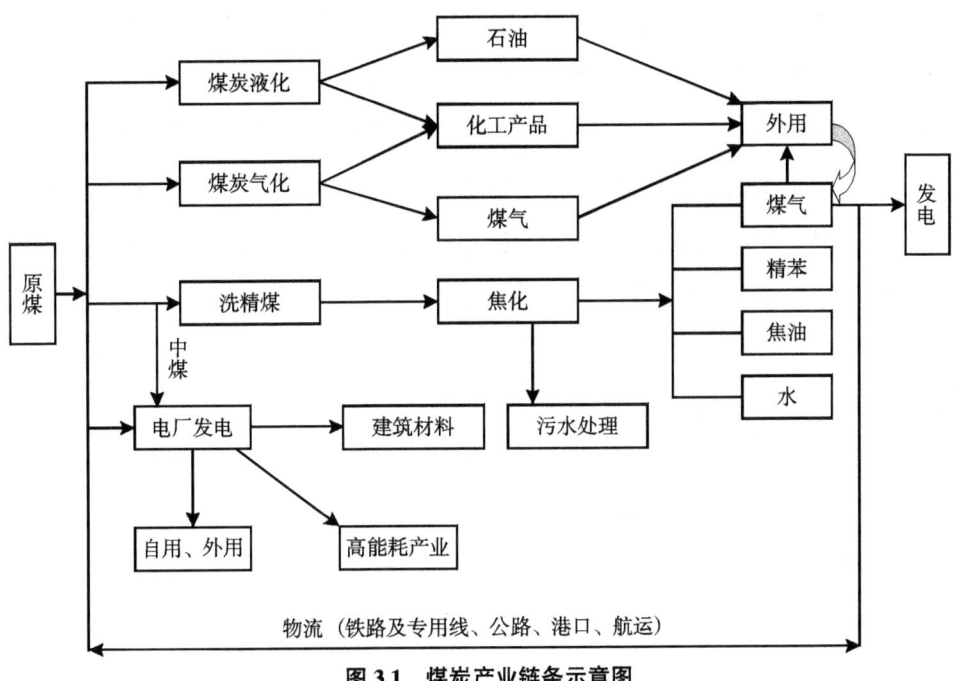

图 3.1 煤炭产业链条示意图

二、煤炭矿区生态产业优劣势分析

SWOT 模型是非常有效的竞争优势分析工具，本节将运用这一模型对煤炭矿区生态产业发展进行详尽的分析[122]。

（一）优势（Strength）分析

1. 基础理论和应用技术体系日趋完善

我国从 20 世纪 80 年代开始重视对工矿企业废弃物的综合利用，从末端治理思想出发，通过回收利用达到节约资源、治理污染的目的。

进入 90 年代以后，源头治理思想开始引起人们关注，21 世纪初开始正式在全国推行循环经济模式，加快了发展生态产业的步伐。近几年来，生态产业在我国引起了人们的广泛关注，许多专家学者以及政府部门在理论和实践上进行了大量探索，取得了积极进展。这些研究主要从宏观和中观角度论述了我国发展生态产业的必要性和可行性，构建了生态产业发展的理论体系，并对一些发展模式进行了实证分析。2002 年，我国科技部发布的《可持续发展纲要（2001~2010 年)》中提出了科技创新的指导原则，即国家目标与市场需求相结合、总体规划与分类指导相结合、关键技术与技术集成相结合、自主创新与国际合作相结合的基本原则。目前，我国已在矿产资源利用和能源环保技术领域取得了一些阶段性成果，成功研发或改进了能耗回用水固化除盐技术、洁净煤技术、有毒有害废液再生处理技术等，并逐步应用到煤炭产业的生产和深加工过程中。

2. 具有较强的资源综合优势

生态产业的本质依然是一种经济活动，必然遵循经济发展的基本规律，实现稀缺资源的优化配置。根据资源经济学理论，企业拥有的资源各不相同，具有异质性，这种异质性决定了企业竞争力的差异。矿区作为资源开发和利用的源头，同时拥有矿产资源、水资源、煤层气和土地资源、伴生矿物质等综合资源优势和行业优势。矿区产业发展大都是以矿产资源开发利用为核心展开的，比如传统的煤炭工业走的是大量消耗、破坏环境的粗放式发展道路，但这种道路注定无法实现可持续发展。从生态经济的角度看，煤炭采掘和洗选加工仅仅是产业链和产品链的起点，煤炭的多种共伴生矿物，乃至受开采损害的土地都是资源，存在着巨大的潜在经济价值。比如，平煤集团从 20 世纪 80 年代开始发展生态产业的探索，进行了煤矸石、煤泥的综合利用，围绕资源投入最小化和废弃物利用最大化，初步形成了以煤电、煤焦和煤化工三条产业链为主导、废弃物综合利用的生态产业发展模式。

3. 形成了各具特色的典型生态产业发展模式

近几十年来，国家颁布了一系列法规和标准，加大对"三废"综合利用和可再生资源回收利用的技术开发力度，选择一些企业、矿业城市开展试点工作，围绕资源的深开发和利用，在三个层次上逐渐开展生态产业的实践探索，并取得了显著成效，形成了各具特色的典型生态产业发展模式。在矿业城市和省区开展了生态产业的试点工作，由多个矿业城市推行了区域生态产业模式。目前已有辽宁和贵阳等省市开始在区域层次上探索生态产业发展模式。辽宁省是我国重要的原材料和装备制造业基地，在传统发展模式下，以重工业为主的产业结构，受到资源短缺、环境污染和生态破坏的制约。2002年6月，发展循环经济试点在辽宁省展开，采取的主要措施有：建立保障循环经济发展的政策法律体系；开发先进适用技术，建立发展循环经济的科技支持体系；健全社会中介组织，建立信息交换平台；加强宣传教育，积极倡导绿色消费；加强与国际组织、外国政府、金融和科研机构等在生态经济领域的交流与合作，学习借鉴发达国家发展生态经济的成功经验，引进资金和先进技术；强化组织领导，明确部门分工，共同促进生态经济发展。

（二）劣势（Weakness）分析

1. 大多数矿区产业结构单一

单纯依赖煤矿形成和发展起来的城市，产业、产品结构、就业结构、技术结构等都表现出单一化的问题。大部分矿区五小企业比例较大，多数是技术含量低和劳动密集型为主要特征的小企业。多数企业属于原材料加工企业，产业链短，深加工程度不够，资源存量无法支撑经济社会的持续发展。企业整体分布比较零散，企业之间产品关联度低，产业链延伸不够充分，产业区域吸附能力不强，规模优势和集聚效应无法充分体现，发展生态产业规模小，缺乏规模支撑。以上游产业为主，许多矿区的原煤未经分选就已经输出，其他外输产品也主要是一些初级产品和原材料。煤炭综合开发利用和就地加工增值程度低，煤电一体化发育不好，许多矿区煤矸石利用率不到10%，大量煤层气也没有得到开发利用，土法炼焦丢掉煤焦油等有用成分，洗精煤丢掉煤泥，以及没有对共（伴）生矿进行综合开发，或未对暂时不能开发的矿种进行有效保护。

2. 煤炭资源综合利用程度低

在煤炭生产和使用过程中存在着资源破坏和浪费严重的问题，煤炭从开采、储运、加工、转换到消费终端的总效率目前还不足10%。一些企业为追求高产增收，对煤炭资源采厚弃薄、采易弃难，造成资源的严重浪费，煤炭供给出现不足的问题。绝大多数小煤矿开采方式落后，资源回采率仅10%~15%，全国煤矿的资源回采率仅在30%~35%，远未达到原设计要求的50%~70%。我国煤炭企业多以原煤开采为主，大量煤炭没有经过加工而直接燃烧，煤炭利用率低。在全国消耗的煤炭总量中，直接用于火力发电、工业锅炉、工业窑炉和家庭炉灶等燃烧的煤炭占85%。大量原煤直接燃烧，既增加能耗，又污染环境，煤炭消费总量中用于发电的比例目前仍在50%左右，低于先进国家80%~90%的水平，燃煤发电机组的热效率还停留在33%~35%。

3. 煤炭开采和利用造成的环境问题日益突出

矿区由于其生产过程的特殊性，从而不可避免地对生态环境造成相当严重的损害，具体表现为：①采煤引发地表塌陷所造成的破坏。煤炭开采破坏了地壳内部原有的物理平衡状态，引发地表塌陷，原有生态系统遭到破坏，同时也造成地表水利设施破坏和生态环境恶化。②对地表、地下水系的破坏，造成了水资源的匮乏。在煤矿建设和生产过程中，各种类型的水资源会通过不同的途径进入巷道和工作面，为保证采矿安全，防止水害发生，需将矿井涌水排出。③煤矸石、粉煤灰等固体废弃物对环境的破坏。煤矸石和粉煤灰是最主要的固体污染物，长期存放不仅占用大量土地，破坏自然景观，而且造成土壤和水体污染，煤矸石自燃形成的二氧化硫等有害气体、粉煤灰的吹扬都会导致对大气的污染。此外，一些选煤厂未经处理的煤泥水外排，还会带来严重的水体污染。

（三）我国矿区生态产业发展的机会（Opportunities）分析

1. 矿区生态产业发展符合科学发展观的本质要求

煤炭产业虽然为国民经济做出了巨大贡献，但是对矿区的大气、水、土地等环境造成了严重污染，给人们的身体健康带来了严重威胁，致使人口与环境、经济与资源的矛盾日益突出。煤炭企业通过发展生态产业、延长产业链、增加附加值，不仅可以降低能耗、减少污染、降低成本，而且能够以最小的资源和环境成本，取得最大的社会经济效益，使企业在获得更多利润的同时促进地方经济发展、带动人民生活水平提高。因此，矿区发展生态产业体现了科学发展观"以人为本、实现可持续发展"的本质要求，是实现矿区第一、二、三产业协调发展的主要举措。

2. 矿区环境治理的内在要求

产业系统对外部环境具有高度的依赖性，而且不断增值的产业活动必将对环境系统造成严重的挤压，不仅造成严重的污染问题，而且还破坏了自然生态系统的生产能力。随着国家环境保护法律法规和环保产业政策的不断调整，企业的环境保护将与经济发展处于同等重要的地位，甚至决定和制约着企业的生存发展。生态产业体现了控制工业污染物减量化、资源化、无害化的原则，把尽可能多的物质转化为原料与产品，实现污染低排放甚至零排放的目标，把传统的环境保护从生产的末端向前推进到生产的源头和生产全过程。因此，理想的产业系统是能够模仿生态系统的运行，每个产业在生产过程中产生的废弃物都能成为其他产业的投入物，而不是直接排放到环境中，从而实现物质与能量的循环运动，把对自然环境的影响降到最低程度。

3. 转变煤炭产业经济增长方式的有效手段

经济增长方式分为外延式增长和内涵式增长两种，前者是靠生产要素投入增加产出，是数量型增长；后者是靠提高投入要素的生产效率而增加产出，是质量型增长。矿区要实现可持续发展，就必须转变经济增长方式，实现由数量速度型增长向质量效益型增长的转变。传统的煤炭产业发展基本上走的是一条粗放开发、简易加工、低效利用的发展道路，虽然改革开放后经济增长方式有所转变，如产业结构逐步升级、科技贡献率不断提高等，但是仍然存在着"高投入、高消耗、高排放、不协调、难循环、低效率"等问题。而生态产业模式则改变了线性发展模式，作为一种新的技术范式和新的生产力发展模式，为转变经济增长方式开辟了新的道路。

（四）矿区生态产业发展的威胁（Threats）分析

1. 产业结构趋同

煤炭产业发展煤资源深加工等多元化生态产业，并非越多越好，更不能简单地把非煤产业比重的高低作为企业优劣的衡量标准，要摆脱僵化的思维定式，切实做到以市场为导向，以经济效益为中心，并结合当地和企业的具体条件，经过充分论证，再行决策，以免陷入盲目性。矿区在发展生态产业的实践中，要防止出现产业结构趋同。例如，鹤岗、双鸭山、七台河、鸡西、淮北、大同等矿区，在考虑下一步煤炭资源的深加工时想法基本一样，比如说都要上大电厂，但是这是否与我国电力市场的供求关系会发生矛盾，需要有关部门给予宏观指导和协调。各地区在考虑具体沿何种路径延伸产业链条发展生态产业时，一定要根据自身条件进行正确的决策。

2. 矿区生态产业发展的外部性问题没有解决

受隶属关系、条块分割等因素的影响，传统采矿业是将矿产资源开采与加工分开进行，造成资源利用率低甚至浪费，即使在采矿企业之间也是各自为政、各行其是，按照这种方式组织生产不但会造成只重视自身矿产资源的开采加工，忽略其他共生矿、伴生矿资源的开采、加工、利用，造成资源浪费，而且矿物的随意存放、丢弃还会造成环境污染，破坏生态环境。按照生态产业发展的要求，应遵循减量化、再利用、资源化原则，矿物的综合加工、利用，应在资源共享的前提下，产业之间尽可能充分利用产品，尤其是副产品、废弃物。采矿权主体在开采矿产资源时只从自身利益最大化角度出发，并没有承担其经济行为的全部成本，而是部分转嫁给了社会和其他利益主体。而发展生态产业进行生态建设具有正外部性效应，这种经济行为所产生的效果会被其他主体分享，而生态产业的建设者却得不到相应的补偿，这也会制约生态产业的发展。

3. 扶持煤炭企业发展生态产业的政策缺位

发展生态产业，建设资源节约型、环境友好型矿区，不仅是矿区和企业应努力做到的，而且政府也应承担起相应的责任和义务，从某种角度上讲，政府对发展生态产业能够起到至关重要的作用。实践证明，政府对生态产业越重视，生态产业就会发展得越好。在国外，政府对发展生态产业是非常重视的，一般采取财政补贴、减免税、政府投入等手段支持生态产业发展。在工业生产领域，煤炭工业是工业废弃物排放量最大、对国民经济发展影响最直接、对环境影响最严重、与区域经济关系最密切的行业之一，也是发展生态产业条件最充分、对发展生态产业要求最迫切、产业结构调整力度最大、环境治理难度最大、各方面制约因素最多的行业之一，因此，急需政府在政策、资金和税收等方面的支持。目前，在发展生态产业政策扶持方面存在着某种程度的缺位。

矿区生态产业的发展是一项复杂的系统工程，它的发展不仅需要矿业企业的积极参与，更需要政府、社会的认同与支持，不是企业或政府单方面就可以完成的。从国家宏观层面看，发展生态产业是运用相关产业的集群化发展来调整产业宏观布局不合理的状态。从煤炭企业及矿区微观层面看，可以拓宽内部市场，分散经营风险，使整个矿区单一行业内部各企业之间紧密相连，也可使不同行业之间有机配置，形成安排有序、布局合理的整体性的生态产业网络体系。

三、煤炭产业链的构建

以煤炭资源为基础的价值链延伸方式符合煤炭矿区产业链的发展模式，其构建模式有纵向主导产业链构建模式和横向耦合共生产业链构建模式。

（一）纵向主导产业链的构建

煤炭矿区的产业性质决定了应把煤炭的开采加工作为纵向主导产业链。以煤炭资源为基础的产业链纵向延伸方式主要有：煤炭—电力—市场；煤炭—电力—电解铝—市场；煤炭—电力—焦化—化工；煤炭—电力—高耗能产业；煤炭—气（液）化—市场；煤炭—气（液）化—煤化工—下游化工产品；煤炭—焦化—市场；煤炭—建材—市场；煤炭—电力—路（港、航）综合开发模式。如图3.2所示。

（二）横向耦合共生产业链的构建

主导产业链可横向耦合多条共生产业链。根据煤炭开采中产生的废弃物特征，矿区可在主导产业链的基础上，延伸出煤层气—发电；煤层气—工业燃料、化工原料、生活燃料；煤矸石、煤泥—热电厂—热电；煤矸石、煤泥—制砖；煤矸石、煤泥—制作水泥；灰渣、矸石—建材厂—建材产品；煤矸石—充填复垦—土地资源；矿井水—水处理站—供水等多条横向耦合共生产业链。如图3.3所示。

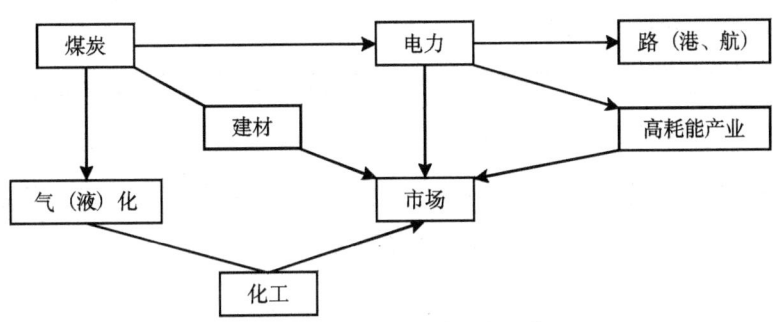

图3.2 产业链纵向延伸综合示意图

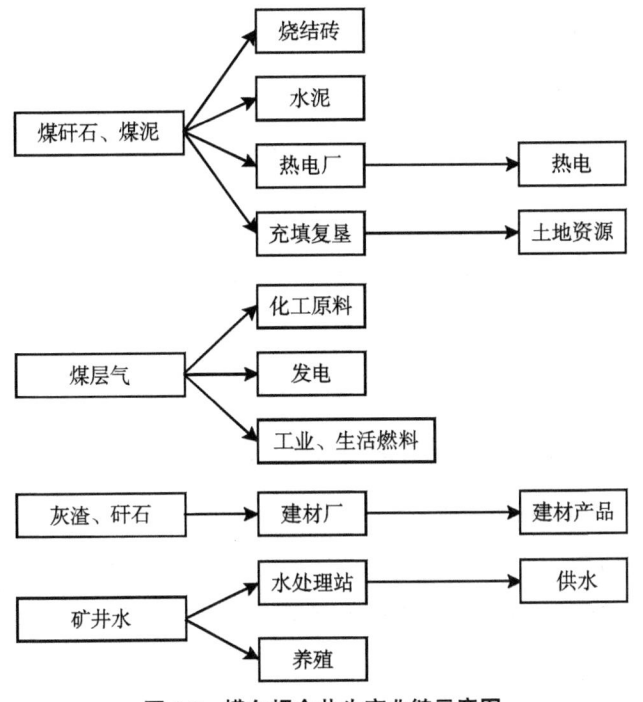

图3.3 横向耦合共生产业链示意图

（三）煤炭产业链网的类型

合理的煤炭产业链设计对于更加有效地利用煤炭资源是非常重要的。本书以煤炭矿区为载体，从物质流的角度对煤炭生态产业链的设计进行分析，主要设计了煤炭纵向、横向等多条产业链。具体来说，煤炭产业链网的类型主要有：

1. 煤炭纵向一体化产业链

矿区的生产活动以开采为主，煤炭开采时可以增加煤炭的精深加工处理环节，来延长煤炭主导产业链，在煤炭及其精深加工的基础上，逐渐完善煤炭产业链条的纵向一体化，有效实现煤炭资源的综合利用。煤炭纵向一体化产业链，如图 3.4 所示。

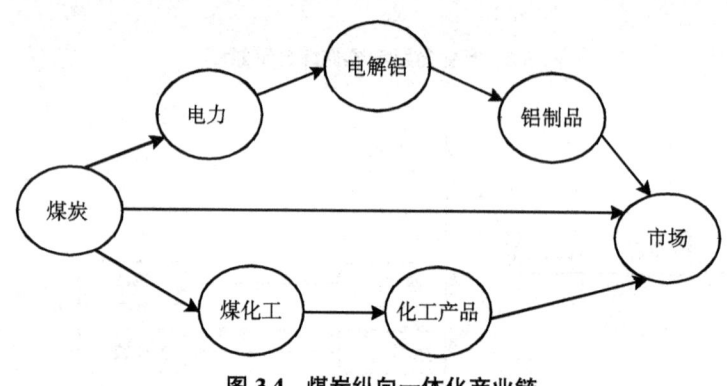

图 3.4 煤炭纵向一体化产业链

2. 煤炭横向多元化产业链

根据产业生态学原理，将煤炭共伴生矿产资源以及相关副产品、开采中的次级资源加以综合循环利用，以主导产业链为主链，横向延伸出多条产业链，进而构成煤炭横向多元化产业链。根据煤炭矿区的资源条件，结合开采过程中产生的废水、废气和固体废弃物等，以及考虑到矿区的外部环境，开采矿区的横向多元化产业链如图 3.5 所示。

3. 煤炭扩展型产业链

煤炭是不可再生资源，其储量是有限的，可采煤炭资源会日益减少，因此为了实现矿区的可持续发展，非煤产业的发展是必不可少的。矿区发展非煤产业，可以以煤炭产业的技术为依托，利用煤炭副产品延伸产业链，建立主导产业链，由此而延伸出的产业链即煤炭扩展型产业链，如图 3.6 所示。

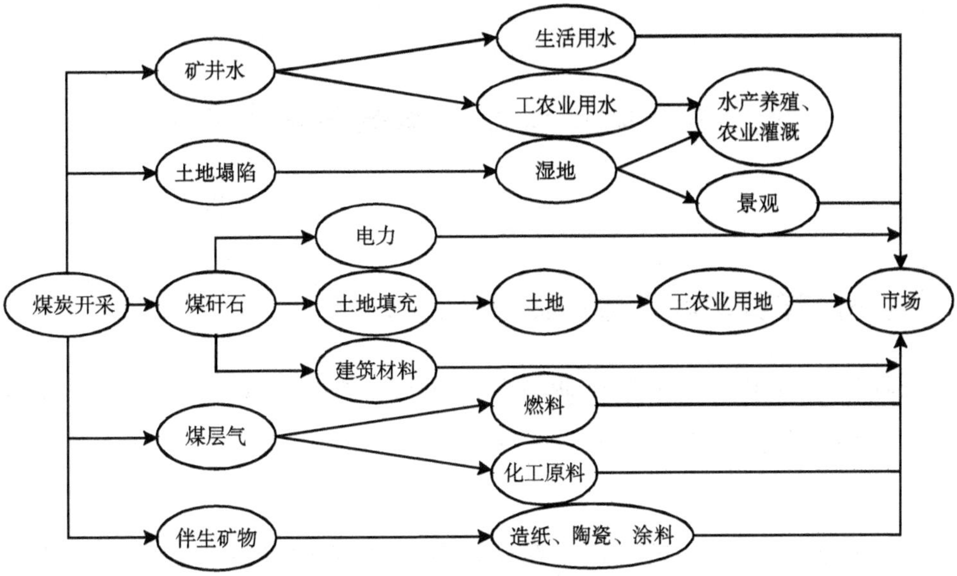

图 3.5 煤炭横向多元化产业链

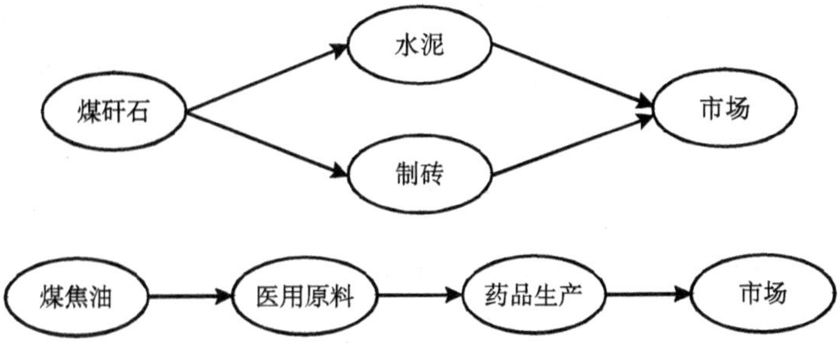

图 3.6 煤炭扩展型产业链

上述三种主要煤炭产业链网的类型，基本可以实现煤炭资源的循环利用，矿区在其不断发展的过程中，应根据自身的自然资源、外部环境、社会经济等各方面的特点，选择适合自身长远发展的产业链网的类型来建立煤炭产业链。不管何种类型，只有适合矿区长远发展，使矿区获取经济效益的同时又能提高资源的循环利用效率，从而改善矿区的生态环境才是最佳的选择类型。

四、煤炭矿区生态产业链的发展模式

（一）煤炭矿区主体产业链模式

目前，煤炭矿区主要产业链模式可以概括为三种：煤—电产业链模式、煤—焦产业链模式和煤—化工产业链模式。

1. 煤—电产业链模式

煤—电产业链模式，是指在矿区建设大型燃煤电厂和低热值燃料热电厂，发展消耗电能的高耗能产业，利用煤炭生产过程中产生的中煤、煤泥、煤矸石和瓦斯进行发电。煤—电模式的产业链条有：煤—电—市场；煤—电—电解铝—市场；煤—电—粉煤灰—水泥；煤—电—氧化铝—水泥；煤—电—建材；煤—电—制砖；煤矸石、煤泥—热电厂—热电；煤矸石、煤泥—电力—粉煤灰—水泥；煤层气—发电等。典型的煤—电产业链模式如图3.7所示[123]。

2. 煤—焦产业链模式

焦炭是煤炭工业中排放污染最严重的物质。在其生产过程中排放污染物种类多、含量高、治理难度大。焦炭工业的主要副产品为焦炉煤气和煤焦油，都是优质能源和化工原料。煤—焦模式，是指在矿区发展的炼焦产业链模式，这种模式从煤炭开采经洗选加工后，精煤产品炼焦。煤—焦模式的链条有：采煤—洗选—炼焦—化工产品回收—煤气发电；煤—焦化—市场；煤层气—化工原料；焦煤—焦化—焦油加工—成品油；贫瘦煤—焦化—煤气净化—甲醇等。典型的煤—焦产业链模式如图3.8所示[123]。

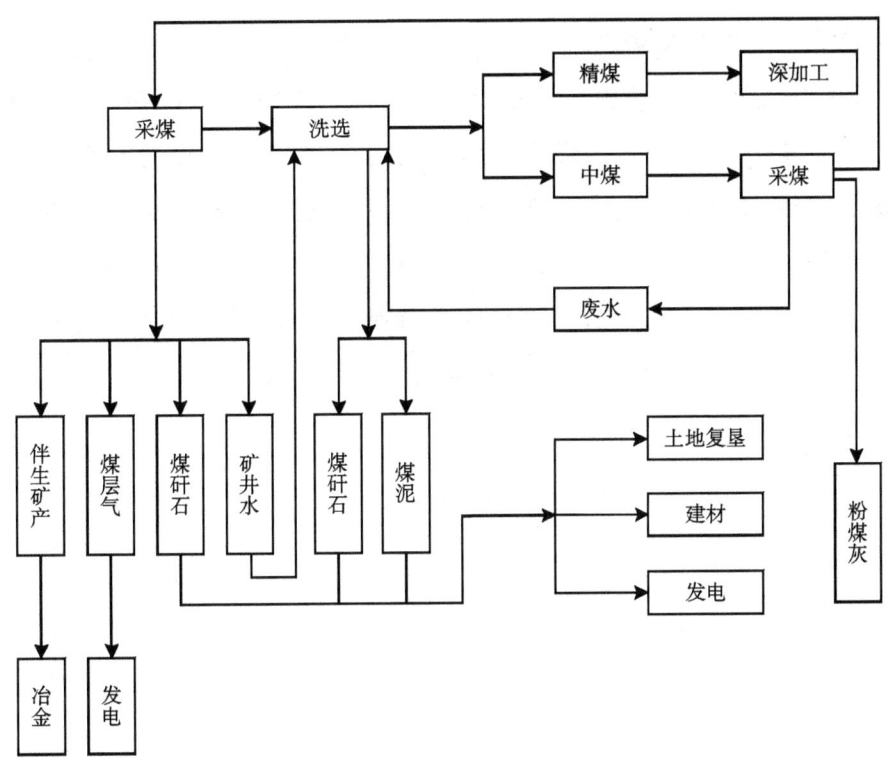

图 3.7 煤—电产业链模式

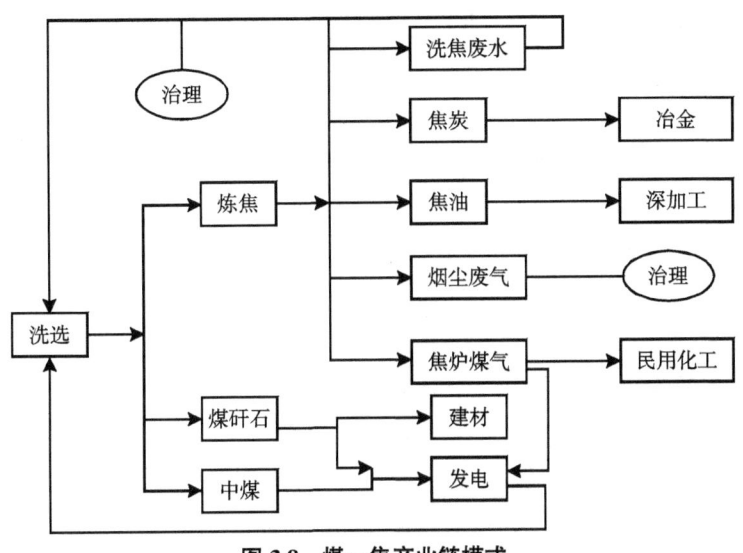

图 3.8 煤—焦产业链模式

3. 煤—化工产业链模式

煤—化工产业链模式,是指利用煤炭生产甲醇、烯烃、二甲醚、甲醛、尿素等化工产品。煤炭资源的能源化工生产主要是利用其丰富的物质组成和较好的化学活性,进行化学反应,生成合成氨、甲醇等众多产品。煤—化工模式的链条有:煤—气化—化工—市场;煤—液化—化工—市场;矿井水—软水站—硫酸;煤矸石、煤泥、瓦斯—电力—电石—化工燃料(如乙炔炭黑、聚氯乙烯等)—PVC型材等。煤—化工产业链模式如图3.9所示[123]:

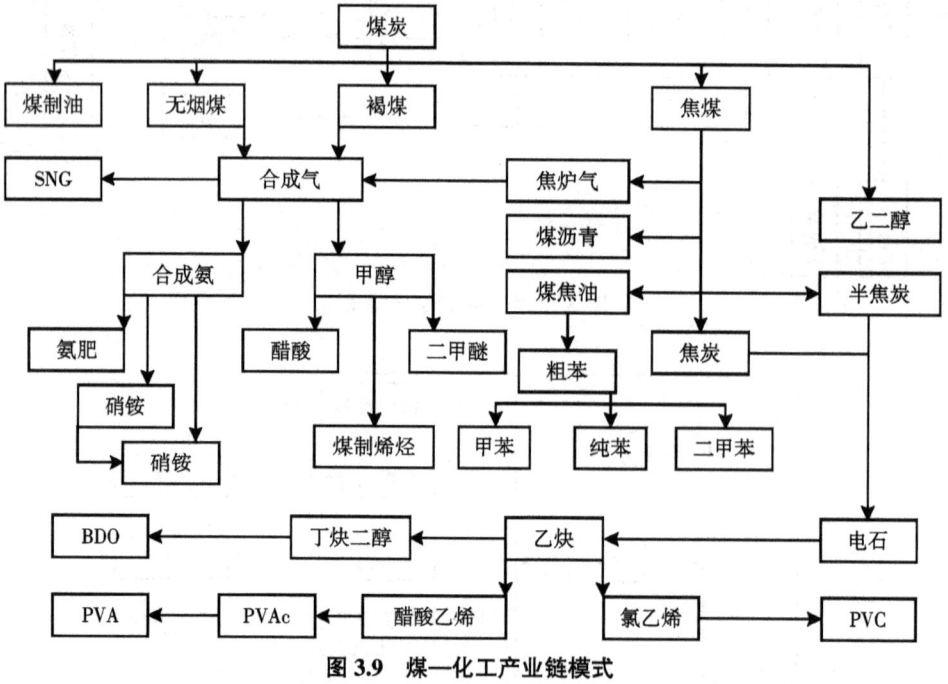

图 3.9 煤—化工产业链模式

(二)煤系伴生资源产业链模式

煤层中赋存有煤层气,煤炭开采会产生煤矸石、排出矿井水,煤炭洗选会产生煤泥。这些伴生资源经过精深加工处理后也可以加以综合利用,延伸产业链。典型的煤系伴生资源产业链模式有:煤—电—化模式、煤—焦—化模式和煤—油—化模式。

1. 煤—电—化产业链模式

在煤—电—化产业链模式中，利用煤炭开采过程中产生的中煤、煤泥、煤矸石和煤层气进行发电，电厂生产的粉煤灰和发电过程中产生的电石渣用于水泥及砌块等环保型建筑材料，煤—电—化产业链模式如图3.10所示。

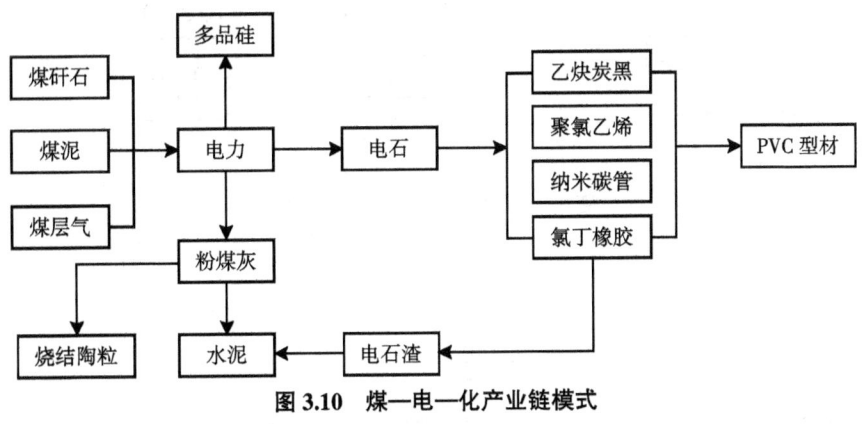

图 3.10　煤—电—化产业链模式

2. 煤—焦—化产业链模式

在煤—焦—化产业链模式中，将贫瘦煤、瘦煤、气煤和焦煤用于炼焦，对焦化厂产生的副产品焦油和粗苯等进行精深加工处理，用于生产市场需要的各种高附加值化工产品。煤—焦—化产业链模式如图3.11所示。

3. 煤—油—化产业链模式

在煤—油—化产业链模式中，煤炭经过汽化形成煤基合成油。煤基合成油厂可以生产柴油、石脑油、LPG 等。煤基合成油厂的合成气（弛放气）及矿井煤层气又可用于发电。煤—油—化产业链结构如图3.12所示。

煤炭伴生资源的开发利用，一方面节省了资源，加大了其伴生产品的开发利用程度；另一方面使煤炭资源本身的性质和用途具有了创新性的应用，延伸了资源知识链，拓宽了煤炭产业链，通过资源的梯

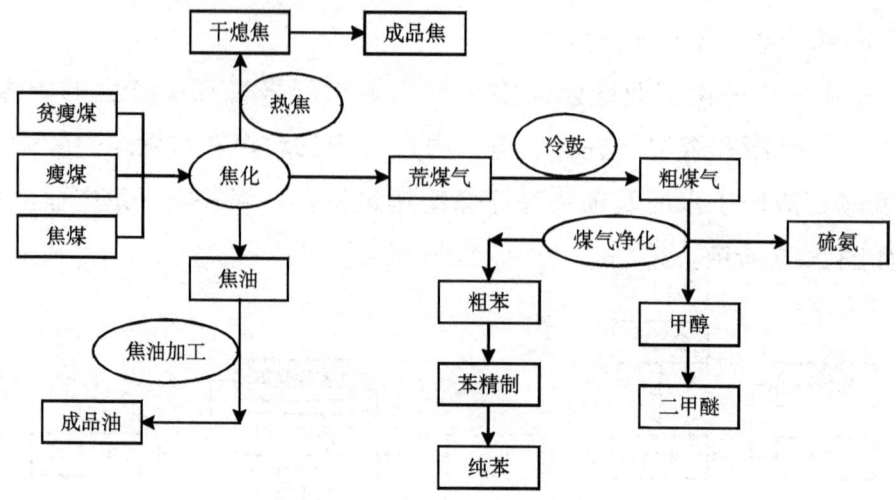

图 3.11 煤—焦—化产业链模式

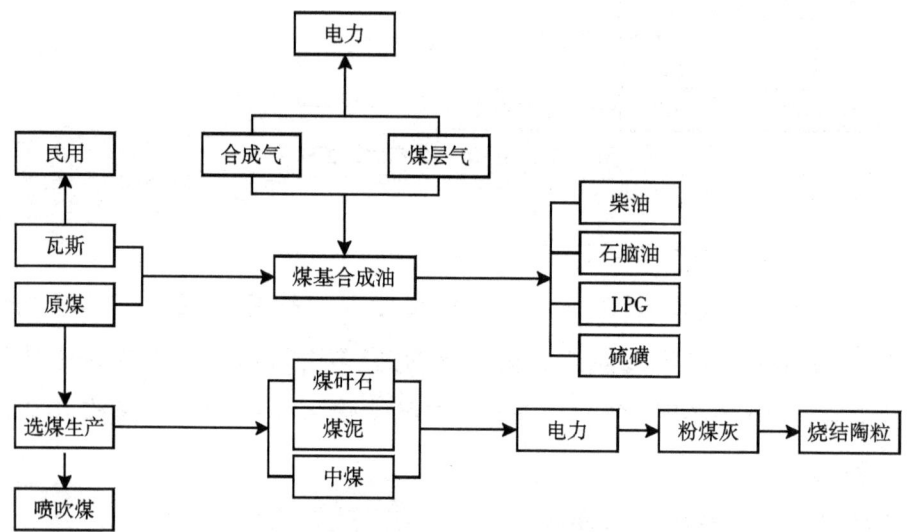

图 3.12 煤—油—化产业链模式

级利用,提高了煤炭矿区的经济效益和环境效益。

(三) 煤系伴生资源综合利用

煤炭产业是以煤炭的生产和加工利用为主要内容的生产活动。煤炭在其开采过程中的主要伴生资源有：高岭土、煤矸石、矿井水、煤层气、泥煤、粉煤灰等。

1. 高岭土的利用

高岭土是生产铝盐产品的优良原料。传统工业中，常用煤系高岭土制作硫酸铝，进而设计成多样化的硫酸铝系产品、硫酸铝相关产品和硫酸铝下游产品三个横向产业链及其延伸的纵向产业链，扩大了高岭土的利用范围，实现了产业链的横向和纵向延伸，同时提高了煤系高岭土的综合利用价值。高岭土可发展的生态产业链模式如图 3.13 所示。

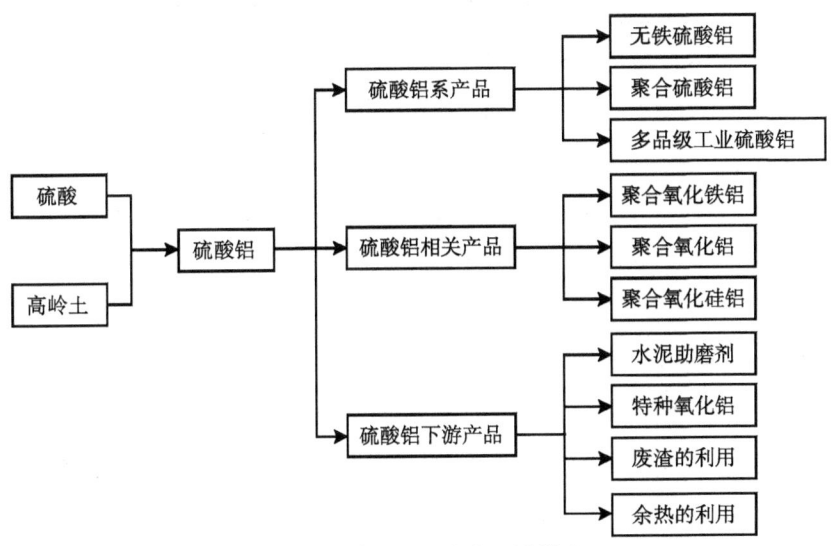

图 3.13 高岭土生态产业链模式

2. 矿井水的利用

我国的煤炭矿区每年都会产生大量的矿井水，但其循环利用的比率却很低。因此，矿井水的再循环、再利用是矿区实现循环经济的重要内容。矿井水的循环利用途径主要体现在以下几方面：

（1）农业用水：矿井水经过处理后可用于农业灌溉、水产养殖等。

（2）工业用水：矿井水经过混凝、沉淀、过滤、消毒等工艺处理后可以作为煤系产业链用水、硫酸和硫酸铝产品的生产用水及锅炉用水、建筑用水等。

（3）生活用水：初级处理的矿井水可用于冲刷厕所、喷洒绿化等。

（4）煤矿井下生产用水：可利用井下水池进行絮凝、沉淀降低矿井水中的悬浮物，就可直接用于生产。

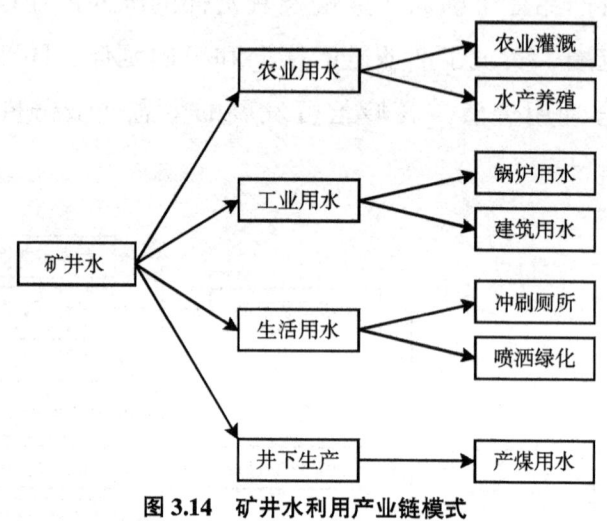

图 3.14　矿井水利用产业链模式

3. 煤矸石的利用

煤矸石是煤炭生产过程中分离出来的岩石，因为其与煤层伴生并呈黑色而得名，由于其含碳量低，硬度高难以加工，因而通常被丢弃。数量巨大的煤矸石占用了大量的土地，严重影响生态环境，因此，煤矸石的充分利用已日渐迫切。

煤矸石是低热值燃料，而洗矸具有很高的热值，可以作为原料生产建筑材料，同时可以煤矸石为原料建设坑口矸石电厂，亦可用来配置胶凝材料，也可将煤矸石粉碎用于农业生产、土地改良等。煤矸石结合煤泥还可以用于发电。煤矸石的化学成分接近粘土，可作为生产水泥的原材料，也可制成砖和瓦。同时，煤矸石还可填充塌陷区复地，能有效地解决占地问题。通过构建煤矸石综合利用链网，使煤矸石得到综合利用，变废为宝。煤矸石综合利用产业链如图 3.15 所示。

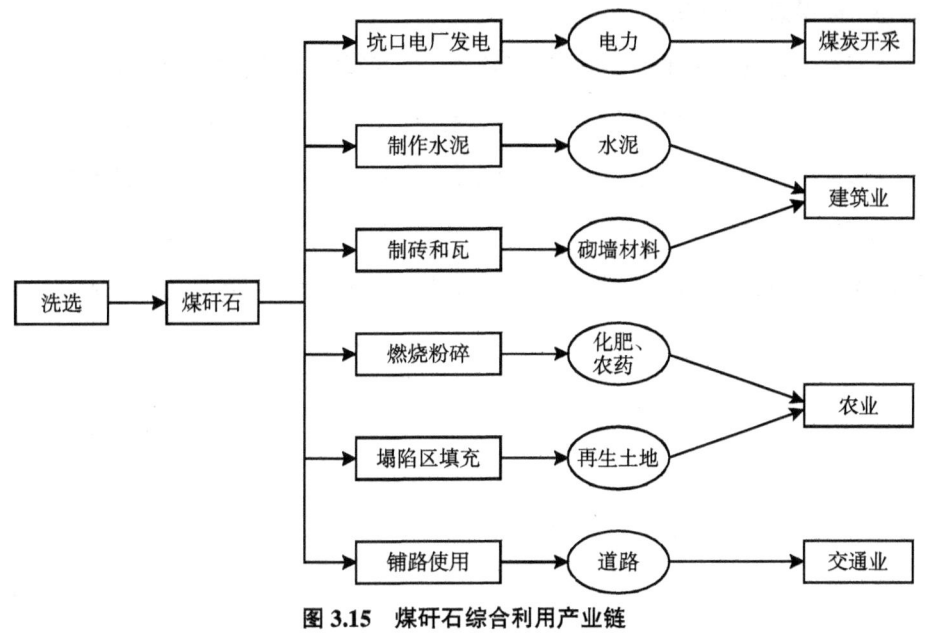

图 3.15 煤矸石综合利用产业链

4. 煤层气的利用

煤层气俗称瓦斯，主要成分是甲烷。作为一种宝贵的、洁净优质的自然资源已经引起人们的注意，对其进行合理利用减少能源浪费和环境污染的同时，也能优化我国能源利用结构，可谓一举多得。煤层气可以用于发电和作为化工产品的原料，用于生产甲醇、乙烯、二硫化碳、氢气等化工产品。另外，提纯的煤层气还是非常清洁的燃料。煤层气利用产业链如图 3.16 所示。

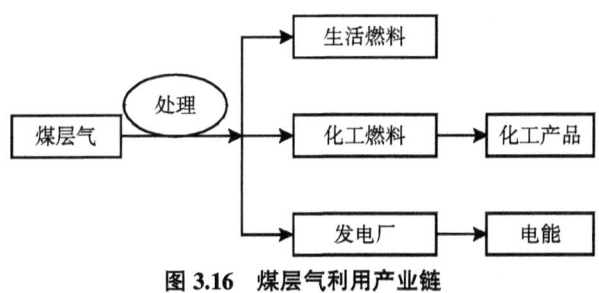

图 3.16 煤层气利用产业链

5. 粉煤灰的利用

在燃煤发电的过程中会消耗大量的原煤，粉煤灰是在燃煤发电的过程中产生的。粉煤灰可以作为原材料和辅助材料用于再生产和再利用，其用途广泛，可以为多个产业或产品提供物料。粉煤灰可以用于塌陷区填充、制砖和板材、生产水泥和作为水泥掺加料使用，也可用于土壤改良剂或环保材料等。粉煤灰的利用产业链如图3.17所示。

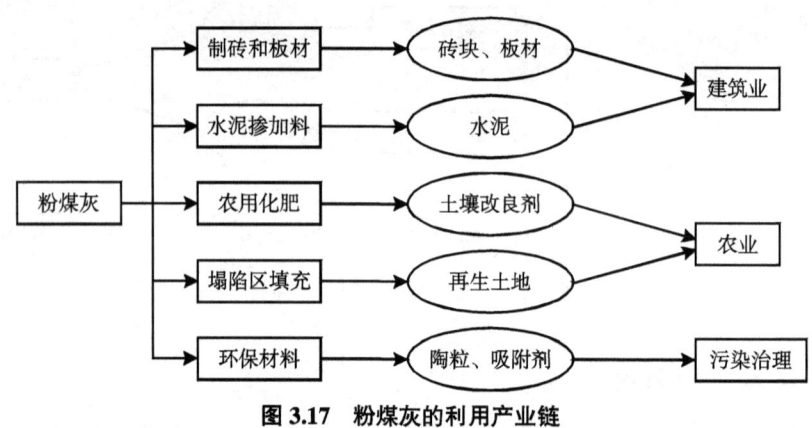

图 3.17 粉煤灰的利用产业链

小　结

本章系统地研究了矿区生态产业的概念及内涵，运用SWOT法对煤炭矿区生态产业发展的优劣势进行了分析。以煤炭矿区为研究对象，论述了纵向主导和横向耦合两种煤炭产业链的构建模式，从物质流的角度对煤炭生态产业链的设计进行分析，将其分为煤炭纵向一体化产业链、煤炭横向多元化产业链和煤炭扩展型产业链三种产业链网的类型。进而，分别从煤炭主体产业链和煤系伴生资源产业链两个方面归纳出了煤炭产业链的主要发展模式，即煤—电模式、煤—焦模式、煤—气—化模式和煤—油—化模式。在此基础上，阐述了煤系伴生资源如高岭土、煤矸石、矿井水和粉煤灰等的综合利用模式。对煤炭矿区生态产业链的研究，有助于生态产业链的进一步延伸和拓展，促进矿区生态产业的健康发展，从而提高矿区生态产业的经济、环境和社会效益，为矿区生态产业评价指标体系的研究奠定了理论基础。

第四章 煤炭矿区生态产业链评价方法

一、煤炭矿区生态产业链评价指标体系的构建

目前较常用的评价方法是指标体系评价,即选择适宜的、有代表性的指标建立指标体系,通过对指标体系的评价来反映矿区生态产业的发展状况。

有关评价指标体系构建理论与方法,国内外学者进行了深入探讨。李金克、李堂军[124-125]等学者在可持续发展的理论基础上,对社会和生态环境进行分析,构建了可持续发展评价指标体系。王广成、王秀玲[126-127]等在对矿区生态系统健康的内涵、评价指标体系设置的理论依据等方面进行了系统研究的基础上,构建了以生态环境保障度、自然资源支持度、社会经济发展度和健康可持续发展度为准则层的多层次评价指标体系,运用层析分析法及熵技术修正确定权重法建立了评价矿区生态系统健康的模糊综合评价模型。这些成果对矿区生态产业链评价指标构建有借鉴价值。国内外有关煤炭矿区生态产业链的评价指标体系方面研究成果尚未见报道,在借鉴相关研究成果的基础上,结合定性和定量分析方法建立煤炭矿区生态产业链评价指标体系。

（一） 指标选取的理论依据

矿区生态产业链评价指标体系的设计，宜运用产业生态学的一般原理，重点考虑矿区生态产业链的特征。其理论依据如下：

（1）矿区生态产业链的健康发展意味着资源、经济、环境和社会各方面的协调、可持续发展。

煤炭矿区生态产业链的建立，涉及资源、经济、环境和社会等各个方面，任何单方面的片面发展，都会影响生态产业链的有序性。因此，在指标选取时，需对四个方面进行综合考虑。

（2）矿区生态产业链指标的选取要符合生态产业评价的基本标准。

矿区生态产业链指标体系的制定，首先要符合产业生态学和循环经济的基本原理，必须对矿区进行深入的分析和研究，进而确定生态产业链需要解决的关键问题。指标体系要能通过其总体效应综合反映生态产业链设计方案的优劣。

（二） 指标体系设置的原则

科学合理的指标体系是研究矿区生态产业链发展状况的基础和保证。在矿区生态产业链评价指标体系的构建过程中，应综合考虑经济、环境、资源和社会各个方面的效益，指标体系要能通过其总体效应综合反映生态产业发展的优劣。其构建应遵循以下原则：

1. 科学性原则和可比性原则

评价指标体系应与循环经济和产业生态学的理念相一致，指标概念要准确，内涵要清楚，计算方法要科学可行。指标体系必须较好地体现矿区生态产业链的现状以及目标实现的程度，能够充分反映矿区生态产业链的主要特征、发展水平和内在机制。要对影响生态产业链发展的各种因素进行深入的分析和比较，使得评价指标体系在基本概念和逻辑结构上严谨而合理。

2. 可操作性原则

指标体系的设计要从相关理论与煤炭矿区生态产业发展的价值角度出发，应有合理的层次结构。指标的设置应充分考虑数据的可获得性和指标量化的难易程度；指标的选择既要能准确反映矿区生态产业链的发展状况，又能尽可能地利用统计资料和有关规范标准。

3. 定性指标和定量指标相结合的原则

一般而言，指标体系的构建应尽可能地采用定量指标，然而矿区生态产业系统涉及大量制度、政策、环境等因素的变量，而这些变量中许多是难以量化的，不能直接进行数量分析。因此，必须采用相应的定性指标加以描述，将定性指标和定量指标结合起来，从而更加客观地反映矿区生态产业链的发展。

4. 3R 原则

3R 原则即减量化（Reduce）、再利用（Reuse）、再循环（Recycle），是资源循环利用的基本原则，矿区生态产业链评价指标体系必须能够反映这一原则。贯彻 3R 原则，其实施的顺序还有差别，首先是减量化，然后是再利用、再循环。从评价体系设计的角度而言，3R 原则应成为矿区生态产业链建设的核心原则。

（三）评价指标体系的构建

建立生态产业链指标体系的目的就是为了更好地认知矿区生态产业的发展状况，了解各种因素对矿区发展的重要性，同时可以给矿区的管理和决策提供依据，引导矿区更好的发展。本书将矿区生态产业链发展水平作为评价体系的目标层，分别从自然资源、经济发展、环境效益、社会发展四个方面，通过理论分析法和专家咨询法来设置和筛选指标，构建了包括目标层、准则层和指标层的指标体系框架，如图 4.1 所示。

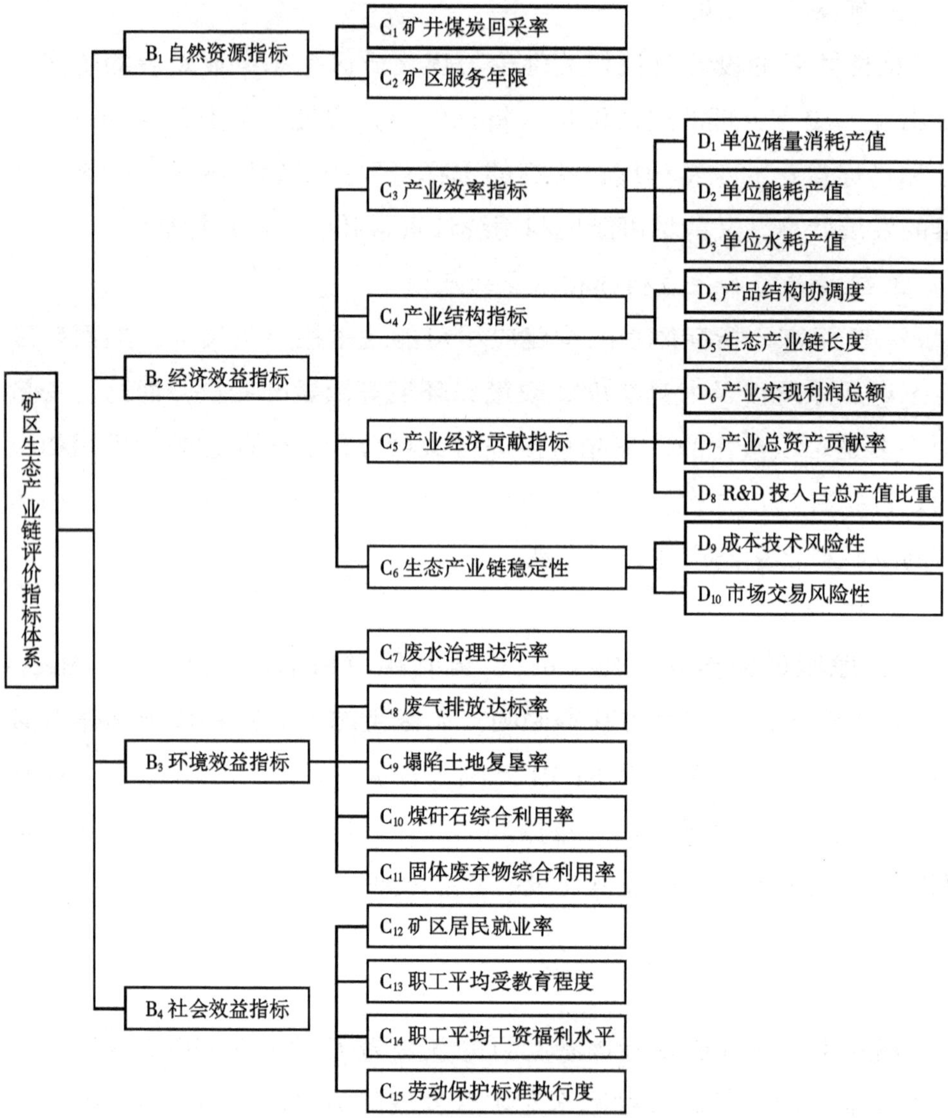

```
                                              ┌─ C₁ 矿井煤炭回采率
                      ┌─ B₁ 自然资源指标 ──┤
                      │                       └─ C₂ 矿区服务年限
                      │
                      │                                      ┌─ D₁ 单位储量消耗产值
                      │                  ┌─ C₃ 产业效率指标 ──┤ D₂ 单位能耗产值
                      │                  │                   └─ D₃ 单位水耗产值
                      │                  │
                      │                  │                   ┌─ D₄ 产品结构协调度
                      │                  ├─ C₄ 产业结构指标 ──┤
矿                    │                  │                   └─ D₅ 生态产业链长度
区   ┌─ B₂ 经济效益指标 ┤
生                    │                  │                   ┌─ D₆ 产业实现利润总额
态                    │                  ├─ C₅ 产业经济贡献指标┤ D₇ 产业总资产贡献率
产                    │                  │                   └─ D₈ R&D 投入占总产值比重
业                    │                  │
链 ──┤                │                  │                   ┌─ D₉ 成本技术风险性
评                    │                  └─ C₆ 生态产业链稳定性┤
价                    │                                      └─ D₁₀ 市场交易风险性
指                    │
标                    │                  ┌─ C₇ 废水治理达标率
体                    │                  ├─ C₈ 废气排放达标率
系                    ├─ B₃ 环境效益指标 ──┤ C₉ 塌陷土地复垦率
                      │                  ├─ C₁₀ 煤矸石综合利用率
                      │                  └─ C₁₁ 固体废弃物综合利用率
                      │
                      │                  ┌─ C₁₂ 矿区居民就业率
                      │                  ├─ C₁₃ 职工平均受教育程度
                      └─ B₄ 社会效益指标 ──┤ C₁₄ 职工平均工资福利水平
                                         └─ C₁₅ 劳动保护标准执行度
```

图 4.1 矿区生态产业链评价指标体系

（四）指标因子的选取

按照指标选取的理论依据和指标体系建立的原则，结合煤炭矿区生态产业链的特征、结构和发展模式，从资源、环境、经济、社会四个方面考虑，选取指标。

1. 自然资源指标

煤炭是不可再生资源，煤炭矿区的建立是以煤炭资源的开发利用为主要目的，煤炭资源储量大小反映了矿区服务年限的长短。在煤炭的开发过程中，对资源的合理利用和保护，是矿区实现可持续发展的重要条件。根据科学性原则，设立煤炭资源储量指标，用来反映矿区资源的保有状况以及矿区的自我供给能力。煤炭储量越大，服务年限越长，越有利于生态产业的健康持续发展，因而设置矿区服务年限作为评价指标之一。储量和产量一定时，矿井煤炭回采率越高，矿区服务年限越长，越有利于生态产业发展。因此，选择矿井回采率作为资源利用效率的评价指标之一。

2. 经济效益指标

煤炭矿区经济效益的核心是煤炭资源的开发利用。矿区生态产业链的稳定性，对煤炭矿区能否在一定的资源约束下合理组织生产力诸要素，顺利进行经济再生产，实现煤炭矿区的经济效益具有重要的影响。产业效率指标反映了一定单位的资源消耗所产出的产品价值，设立单位储量消耗产值、单位能耗产值和单位水耗产值借以反映消耗一单位的储量、能源和水可以产出的煤炭产品的价值。产业结构指标反映了各产业的构成及各产业之间的联系和比例关系，设立产品结构协调度和生态产业链长度指标来反映煤炭矿区的产业结构状况。产品结构协调度越高，其产业结构越优化，生态产业链的长度越长，说明其循环利用程度越高，反之亦然。设立产业实现利润总额、产业总资产贡献率等产业经济贡献指标反映产业的获利能力，借以反映煤炭矿区的经济效益；R&D投入占总产值比重指标反映产业的研发能力，一定程度上反映产业未来的发展潜力。生态产业链稳定性属于定性指标，采用成本技术风险性和市场交易风险性指标，通过成本技术和市场交易等风险的程度来反映煤炭矿区生态产业链的稳定状况。

3. 环境效益指标

煤炭矿区在开采过程中，大量物质和能量的输入、输出、排废等活动，造成了环境污染和生态破坏。环境问题主要体现在地表塌陷、固体废弃物、水体和大气污染等方面。构建生态产业链的目的就是为了降低资源消耗，减少废弃物排放，消除对自然生态环境的破坏。根据 3R 原则，采用废水治理达标率、废气排放达标率、固体废弃物综合利用率指标来反映煤炭矿区的废水、废气、固体废弃物的排放及综合利用情况。设立塌陷土地复垦率和煤矸石综合利用率指标，来反映矿区塌陷土地的治理和煤矸石的利用情况。

4. 社会效益指标

煤炭矿区是以在煤炭资源开发的基础上满足人类的需求为目的的。矿区居民的就业情况和居民生活质量间接反映了矿区生态产业链的发展状况。选择矿区居民就业率、职工平均受教育程度和职工平均工资福利水平三个指标来反映矿区生活质量和发展水平。选取劳动保护标准执行状况来反映矿区职工劳动保护的优与劣。

二、煤炭矿区生态产业链评价模型

（一）模糊综合评价模型

矿区生态产业链的评价指标体系分为四个层次，因此采用四层次模糊综合评价方法，其步骤为[128]：

（1）对评价系统进行层次分析，建立目标层、准则层、指标层和子指标层。

将总目标 A 分为 m 个准则 B_i，i=1，2，…，m。即

$$A = \{B_1, B_2, \cdots, B_m\} \tag{4.1}$$

其中，B_i 又包含 n_i 个指标：

$$B_i = \{C_{i1}, C_{i2}, \cdots, C_{in}\} \tag{4.2}$$

式中，C_{ij} 为第 i 个准则的第 j 个指标。

其中，C_{ij} 又包含 k_j 个指标，$j = 1, 2, \cdots, n$。即

$$C_{ij} = \{D_{j1}, D_{j2}, \cdots, D_{jk}\} \tag{4.3}$$

式中，D_{jk} 为第 j 个指标的第 k 个子指标。

（2）采用层次分析法确定各层次的权重值。

权重集包括准则层相对于总目标层的权重集 W_{1B}、指标层相对于准则层的权重集 W_{1C} 和子指标层相对于指标层的权重集 W_{1D}。即

$$W_{1B} = (b_1, b_2, \cdots, b_m) \tag{4.4}$$

$$W_{1C} = (c_1, c_2, \cdots, c_n) \tag{4.5}$$

$$W_{1D} = (d_1, d_2, \cdots, d_k) \tag{4.6}$$

其中，$c_i = (c_{i1}, c_{i2}, \cdots, c_{im_i})$，$d_j = (d_{j1}, d_{j2}, \cdots, d_{jn_j})$；$m_i$ 为第 i 个准则所包含的指标数，n_j 为第 j 个指标所包含的子指标数。

（3）将总目标根据评价需要划分为几个等级，建立评价标准集。

$$S = \begin{bmatrix} s_{11} & s_{12} & \cdots & s_{1n} \\ s_{21} & s_{22} & \cdots & s_{2n} \\ \vdots & \vdots & & \vdots \\ s_{m1} & s_{m2} & \cdots & s_{mn} \end{bmatrix} \tag{4.7}$$

式中，s_{ij} 为第 i 个指标第 j 个等级的评价标准值；m 为评价等级数；n 为评价指标数。

（4）建立模糊隶属函数。

（5）根据模糊隶属函数和各指标的原始值建立模糊关系矩阵 R。

$$R = (R_1, R_2, \cdots, R_m)^T = \begin{bmatrix} r_{11} & r_{12} & \cdots & r_{1n} \\ r_{21} & r_{22} & \cdots & r_{2n} \\ \vdots & \vdots & & \vdots \\ r_{m1} & r_{m2} & \cdots & r_{mn} \end{bmatrix} \tag{4.8}$$

式中，R_i 为第 i 个准则的模糊关系矩阵。

（6）分层模糊评价。

矿区生态产业链评价指标体系共有四层，因此可进行三级模糊评价，即子指标层对指标层、指标层对准则层和准则层对目标层的评价。

子指标层对指标层的模糊评价，第 i 准则的模糊评价为：

$$E_i = W_{1D} \circ R_i = (D_{i1}, D_{i2}, \cdots, D_{im_i}) \circ \begin{bmatrix} r_{i11} & r_{i12} & \cdots & r_{i1n} \\ r_{i21} & r_{i22} & \cdots & r_{i2n} \\ \vdots & \vdots & & \vdots \\ r_{im_i1} & r_{im_i2} & \cdots & r_{im_in} \end{bmatrix} = (e_{i1}, e_{i2}, \cdots, e_{in}) \quad (4.9)$$

其中，i = 1, 2, $\cdots$, m。

指标层对准则层的模糊评价为：

$$D = W_{1C} \circ E = W_{1C} \circ \begin{bmatrix} D_1 \circ R_1 \\ D_2 \circ R_2 \\ \vdots \\ D_m \circ R_m \end{bmatrix} = (d_1, d_2, \cdots, d_n) \quad (4.10)$$

准则层对目标层的模糊评价为：

$$V_1 = W_{1B} \circ D = W_{1B} \circ \begin{bmatrix} C_1 \circ R_1 \\ C_2 \circ R_2 \\ \vdots \\ C_m \circ R_m \end{bmatrix} = (a_1, a_2, \cdots, a_n) \quad (4.11)$$

式中，a_i 为第 i 个等级的隶属度；$\circ$ 为模糊矩阵的复合运算，一般取算子"∧"或"∨"。

（二）层次分析法赋权

层次分析法（简称 AHP 法）是美国著名运筹学家萨蒂（T.L.Saaty）在 20 世纪 70 年代提出的一种多目标、多准则的决策分析方法，是一种定量分析与定性分析相结合的有效方法[129]。其基本运算过程如下[130]：

1. 构造判断矩阵

采用匹兹堡大学教授 T.L.Saaty 提出的标度值来确定判断矩阵，其标度描述如表 4.1 所示。将层次结构模型每两个元素相互比较的重要度构成判断矩阵 A，由公式（4.12）给出。

$$A = |a_{ef}|_{N \times N} \tag{4.12}$$

式中，a_{ef} 为指标 e 相对于指标 f 的重要度；N 为重要度矩阵 A 的阶数。

表 4.1 1~9 标度及其描述表

重要性标度	定义描述
1	表示两个因素相比，具有同等重要性
3	表示两个因素相比，一个因素比另一个因素稍微重要
5	表示两个因素相比，一个因素比另一个因素明显重要
7	表示两个因素相比，一个因素比另一个因素非常重要
9	表示两个因素相比，一个因素比另一个因素绝对重要
2、4、6、8	上述两相邻判断的中值
倒数	若因素 e 与 f 的比较判断为 a_{ef}，则 $a_{ef} = 1/a_{ef}$

2. 求解判断矩阵的特征根

计算出最大特征值 λ_{max} 和它对应的标准化特征向量 W。矩阵 A 的最大特征根和标准化特征向量 W 由公式（4.12）计算得出：

$$\begin{cases} AW = \lambda_{max} \cdot W \\ \sum_{i=1}^{N} W_i = 1 \end{cases} \tag{4.13}$$

式中，W_i 为 W 的第 i 个分量，实际意义相当于第 i 个指标的权重。进而可采用方根法求出 λ_{max} 和 W 的近似值，其步骤为：

①将矩阵 A 各行元素逐列相乘，即

$$M_i = \prod_{k=1}^{N} a_{ik} \quad (i, k = 1, 2, \cdots, N) \tag{4.14}$$

②将 M_i 开 N 次方，即

$$\overline{W}_i = \sqrt[N]{M_i} \quad (i=1, 2, \cdots, N) \tag{4.15}$$

③对 $\overline{W}_i$ 进行归一化处理得 W_i，即

$$W_i = \overline{W}_i / \sum_{i=1}^{N} \overline{W}_i \quad (i=1, 2, \cdots, N) \tag{4.16}$$

④ 计算 λ_{max}：

$$\lambda_{max} = \frac{1}{N} \sum_{i=1}^{N} \frac{(AW)_i}{W_i} \quad (i=1, 2, \cdots, N) \tag{4.17}$$

3. 判断矩阵的一致性检验

在给定 a_{ef} 值时，由于判断上的误差很难保证所有的 a_{ef} 都会满足公式 $a_{ef} = a_{ef} \times a_{if}$，这就使矩阵 A 出现了不一致性。若矩阵 A 的不一致在允许限度内，则 a_{ef} 的取值可以接受，具体检验方法如下：

①计算一致性指标 CI：

$$CI = \frac{\lambda_{max} - N}{N - 1} \tag{4.18}$$

②根据判断矩阵 A 的阶数 N，查表求得平均随机一致性指标 RI，不同阶数矩阵的 RI 值如表 4.2 所示。

表 4.2 计算随机一致性指标

矩阵阶数	1	2	3	4	5	6	7	8	9
RI	0.00	0.00	0.52	0.89	1.12	1.26	1.36	1.41	1.45

③计算随机一致性比率 CR：

$$CR = CI/RI \tag{4.19}$$

④检验：

若 CR<0.1，则矩阵 A 的一致性满足要求。即确定 W_i 即为第 i 个指标的权重。否则，矩阵 A 的一致性不满足要求，须重新给出判断矩阵，再行计算。

4. 层次递阶赋权

确定了指标层对准则层、准则层对目标层指标的权重后，根据

AHP方法的层次递阶赋权定律确定指标层对目标层指标的权重。

设 W_j^k 是第 k 层各指标对第 k+1 层指标的权向量（j=1，2，…，m，m 为 k+1 层指标数），W_j^{k+1} 则为第 k+1 层 j 指标对 k+2 层 i 指标的权重，则 k 层指标对 k+2 层 i 指标的权向量为：

$$W^{k \to k+2} = W_{ji}^{k+1} \times W_j^k \tag{4.20}$$

（三）熵值法修正权系数

对于 m 个样本、n 个评价指标，有数据矩阵 $X=(X_{ij})_{m \times n}$，对于某项指标 j，若各待评对象的指标值 X_{ij} 间的差距越大，则该指标在综合评价中所起的作用就越大；反之，作用越小[131-132]。

熵值法修正权系数的具体步骤如下[133]：

（1）对构造的判断矩阵按下列公式进行归一化处理，可表示为 p_{ij}，则

$$p_{ij} = \frac{x_{ij}}{\sum_{i=1}^{m} x_{ij}} \quad (0 \leq p_{ij} \leq 1) \tag{4.21}$$

（2）计算第 j 项指标的熵值 e_j，即

$$e_j = -k \sum_{i=1}^{m} p_{ij} \ln p_{ij} \quad (0 < e_j \leq 1)$$

$$k = \frac{1}{\ln m} \tag{4.22}$$

（3）计算第 j 项指标的差异系数 g_j，即

$$g_j = 1 - e_j \tag{4.23}$$

（4）定义指标的信息权重系数 μ_j，即

$$\mu_j = \frac{g_j}{\sum_{j=1}^{n} g_j} \tag{4.24}$$

（5）利用信息权重 μ_j 修正层次分析中的指标权系数 λ_j，即

$$\lambda_j = \frac{\mu_j \omega_j}{\sum_{j=1}^{n} \mu_j \omega_j} \qquad (4.25)$$

(四) 模糊隶属度函数的构建

矿区生态产业链评价指标各不相同，各指标值之间无法做统一的比较，因此需要将各指标的评估值转化为 [0，1] 之间的无量纲数值，即 x_i (i=1，2，…，n) $\in$ [0，1]。建立各因素指标的模糊隶属函数，把各指标的隶属度作为样本参数值。

1. 矿井煤炭回采率

其隶属度由下式确定：

$$x_1 = \mu_{mz}(t_1) = t_1 \qquad (4.26)$$

式中，t_1 为矿井煤炭回采率（%）。

2. 矿区服务年限

其隶属度由下式确定：

$$x_2 = \mu_{ec}(t_2) = \begin{cases} 0.9 & t_2 > 90 \\ 0.7 & 80 < t_2 \leq 90 \\ 0.5 & 60 < t_2 \leq 80 \\ 0.3 & 30 < t_2 \leq 60 \\ 0.1 & t_2 < 30 \end{cases} \qquad (4.27)$$

式中，t_2 为矿区服务年限（年）。

3. 单位储量消耗产值

在价格和煤炭储量一定的情况下，煤炭回采率越高，煤炭总产值越大，相对的单位储量消耗产值就越大。因此，以煤炭采区回采率作为单位储量消耗产值的隶属函数变量：

$$x_3 = \mu_{cl}(t_3) = t_3 \qquad (4.28)$$

式中，t_3 为采区回采率（%）。

4. 单位能耗产值

该隶属度的确定参照国际通行的 GDP 标准能耗，煤炭行业 2007~2009 年的单位 GDP 能耗分别为 1.13（吨/万元）、1.08（吨/万元）、1.04（吨/万元），并且以国内几个大型煤矿近几年的单位 GDP 标准能耗为依据。其隶属度由下式确定：

$$x_4 = \mu_{ws}(t_4) = \begin{cases} 1.0 & t_4 \leq 0.7 \\ 0.8 & 0.85 \geq t_4 > 0.7 \\ 0.6 & 1.0 \geq t_4 > 0.85 \\ 0.4 & 1.2 \geq t_4 > 1.0 \\ 0.2 & t_4 > 1.2 \end{cases} \quad (4.29)$$

式中，t_4 为行业内单位 GDP 标准能耗（吨标准煤/万元）。

5. 单位水耗产值

该隶属度的确定以国内一些大型煤矿近几年的单位 GDP 水耗标准为依据。其隶属度由下式确定：

$$x_5 = \mu_{hz}(t_5) = \begin{cases} 1.0 & t_5 \leq 8 \\ 0.8 & 10 \geq t_5 > 8 \\ 0.6 & 12 \geq t_5 > 10 \\ 0.4 & 15 \geq t_5 > 12 \\ 0.2 & t_5 > 15 \end{cases} \quad (4.30)$$

式中，t_5 为该行业单位 GDP 水耗（吨/万元）。

6. 产品结构协调度

按产品结构协调的程度标准，可分为较好、好、一般、差、较差。其隶属度可由下式确定：

$$x_6 = \mu_{cs}(t_6) = \begin{cases} 0.9 & t_6 = 较好 \\ 0.7 & t_6 = 好 \\ 0.5 & t_6 = 一般 \\ 0.3 & t_6 = 差 \\ 0.1 & t_6 = 较差 \end{cases} \quad (4.31)$$

7. 生态产业链长度

其隶属度可由下式确定：

$$x_7 = \mu_{hc}(t_7) = \begin{cases} 1.0 & t_7 > 4 \\ 0.8 & t_7 = 4 \\ 0.6 & t_7 = 3 \\ 0.4 & t_7 = 2 \\ 0.2 & t_7 = 1 \end{cases} \quad (4.32)$$

式中，t_7 为生态产业链比传统产业链多出的节点数。

8. 产业实现利润总额

在其他条件相同的情况下，资产利润率与产业实现利润总额成正比。因此，以资产利润率作为矿区产业实现利润总额的隶属函数变量。该隶属度的确定以煤炭行业相关矿区近些年的资产利润率为依据，参考了《中国煤炭工业年鉴》等相关资料。

$$x_8 = \mu_{kt}(t_8) = \begin{cases} 1.0 & t_8 > 17 \\ 0.8 & 14 < t_8 \leqslant 17 \\ 0.6 & 11 < t_8 \leqslant 14 \\ 0.4 & 8 < t_8 \leqslant 11 \\ 0.2 & t_8 \leqslant 8 \end{cases} \quad (4.33)$$

式中，t_8 为资产利润率（%）。

9. 产业总资产贡献率

产业总资产贡献率与利税率成正比，以利税率作为产业总资产贡献率的隶属函数变量，该隶属度的确定以国内煤炭行业一些相关的大型矿区近些年的利税率为依据，参考了《中国煤炭工业年鉴》等相关资料。其隶属度由下式确定：

$$x_9 = \mu_{jj}(t_9) = \begin{cases} 1.0 & t_9 > 30 \\ 0.8 & 26 < t_9 \leq 30 \\ 0.6 & 20 < t_9 \leq 26 \\ 0.4 & 14 < t_9 \leq 20 \\ 0.2 & 8 < t_8 \leq 14 \end{cases} \tag{4.34}$$

式中，t_9 为利税率（%）。

10. R&D 投入产值比重

该隶属度的确定以国际通行的 R&D 投入标准和国务院对企业 R&D 投入的要求为依据。国际通行标准为 R&D 占企业销售收入的 4%~5%，国务院对企业 R&D 投入要求不低于销售收入的 3%。国际上 R&D 支出占 GDP 的比重是 2.31。其隶属度由下式确定：

$$x_{10} = \mu_{dz}(t_{10}) = \begin{cases} 1.0 & t_{10} > 3 \\ 0.8 & 2.5 < t_{10} \leq 3 \\ 0.6 & 2 < t_{10} \leq 2.5 \\ 0.4 & 1 < t_{10} \leq 2 \\ 0.2 & t_{10} \leq 1 \end{cases} \tag{4.35}$$

式中，t_{10} 为国际通行的 R&D 投入占 GDP 的比重（%）。

11. 成本技术风险性

其隶属度由下式确定：

$$x_{11} = \mu_{dt}(t_{11}) = 1 - t_{11} \tag{4.36}$$

式中，t_{11} 为成本技术风险概率（0~1）。

12. 市场交易风险性

其隶属度由下式确定：

$$x_{12} = \mu_{ik}(t_{12}) = 1 - t_{12} \tag{4.37}$$

式中，t_{12} 为市场交易风险概率（0~1）。

13. 废水治理达标率

其隶属度由下式确定：

$$x_{13} = \mu_{tg}(t_{13}) = t_{13} \tag{4.38}$$

式中，t_{13} 为废水治理达标率（%）。

14. 废气排放达标率

其隶属度由下式确定：

$$x_{14} = \mu_{sj}(t_{14}) = t_{14} \tag{4.39}$$

式中，t_{14} 为废气排放达标率（%）。

15. 塌陷土地复垦率

其隶属度由下式确定：

$$x_{15} = \mu_{xs}(t_{15}) = t_{15} \tag{4.40}$$

式中，t_{15} 为塌陷土地复垦率（%）。

16. 煤矸石综合利用率

其隶属度由下式确定：

$$x_{16} = \mu_{hl}(t_{16}) = t_{16} \tag{4.41}$$

式中，t_{16} 为煤矸石综合利用率（%）。

17. 固体废弃物综合利用率

其隶属度由下式确定：

$$x_{17} = \mu_{cv}(t_{17}, t_{18}, t_{19}) = 0.5t_{17} + 0.3t_{18} + 0.2t_{19} \tag{4.42}$$

式中，t_{17}，t_{18}，t_{19} 分别为高岭土、粉煤灰、泥煤利用率所占固体废弃物综合利用率的比例，常系数为相对利用效率系数。

18. 矿区居民就业率

根据宏观经济学原理，矿区居民的就业率对国家的就业率有着直接的影响，且与失业率成反比，因此，以失业率作为隶属函数的变量。其隶属度由下式确定：

$$x_{18} = \mu_{sj}(t_{20}) = \begin{cases} 0.9 & t_{20} \leqslant 2.5 \\ 0.7 & 2.5 < t_{20} \leqslant 4 \\ 0.5 & 4 < t_{20} \leqslant 5 \\ 0.3 & 5 < t_{20} \leqslant 7 \\ 0.1 & t_{20} > 7 \end{cases} \tag{4.43}$$

式中，t_{20} 为失业率（%）。该隶属度的确定依据国际通行的失业率标准。参照了《中国工会统计年鉴 2009》等相关资料，国际通行的失业率标准为 4%。

19. 职工平均受教育程度

在其他条件相同的情况下，矿区人均受教育年限越长，职工平均受教育程度越高。其隶属度由下式确定：

$$x_{19} = \mu_{rl}(t_{21}) = \begin{cases} 1.0 & t_{21} > 13 \\ 0.8 & 10 < t_{21} \leq 13 \\ 0.6 & 8 < t_{21} \leq 10 \\ 0.4 & 4 < t_{21} \leq 8 \\ 0.2 & t_{21} < 4 \end{cases} \quad (4.44)$$

式中，t_{21} 为人均受教育年限（年）。

20. 职工平均工资福利水平

在其他条件相同的情况下，矿区职工人均收入与行业职工人均收入的比例越高，职工平均工资福利水平越高。因此，以职工人均收入作为职工平均工资福利水平的隶属函数变量。

$$x_{20} = \mu_{ek}(t_{22}) = \begin{cases} 0.9 & t_{22} > 1.2 \\ 0.7 & 1 < t_{22} \leq 1.2 \\ 0.5 & 0.7 < t_{22} \leq 1 \\ 0.3 & 0.5 < t_{22} \leq 0.7 \\ 0.1 & t_{22} < 0.5 \end{cases} \quad (4.45)$$

式中，t_{22} 为矿区职工人均收入与行业内职工人均收入的比例。

21. 劳动保护标准执行度

其隶属度由下式确定：

$$x_{21} = \mu_{by}(t_{23}) = t_{23} \quad (4.46)$$

式中，t_{23} 为劳动保护标准执行百分比（%）。

（五）确定评价标准

煤炭矿区生态产业的发展是以改善矿区生态环境，发展循环经济，实现资源的低投入、低消耗、高产出为目标，其生态产业链的发展水平也应相对地反映出此目标的实现程度。鉴于对矿区生态产业链发展标准的理解，结合煤炭矿区的特点，将矿区生态产业链评价标准分为五个等级，即较好、好、一般、差、较差，如表4.3所示。

表4.3 指标的评价标准

等级	较好	好	一般	差	较差
评价值	0.9	0.7	0.5	0.3	0.1

（六）确定评价集的模糊关系矩阵

根据隶属函数和各指标的实际值建立模糊关系矩阵 R。

$$R = (R_1, R_2, \cdots, R_m)^T = \begin{bmatrix} r_{11} & r_{12} & \cdots & r_{1n} \\ r_{21} & r_{22} & \cdots & r_{2n} \\ \vdots & \vdots & \vdots & \vdots \\ r_{m1} & r_{m2} & \cdots & r_{mn} \end{bmatrix} \quad (4.47)$$

式中，R_i 为第 i 个准则的模糊关系矩阵。

三、煤炭矿区生态产业链评价实证研究

（一）研究矿区概况

选择山东省龙口矿区作为生态产业链评价实证研究对象，其概况如下：

1. 自然地理概况

龙口矿区地处山东半岛西北部的龙口市境内，归烟台管辖。东临烟台，南接青岛，西与潍坊毗邻，东北与天津、大连、秦皇岛、北戴河、朝鲜半岛隔海相望。东距烟台市区 133km，东南至青岛 196km。山东半岛公路交通发达，道路等级高。烟潍公路（206 国道）横穿龙口矿区，其两端分别与蓝村烟台铁路、胶济铁路和济青高速公路相接，是汽车外运煤的主要通道。到达和通过矿区的铁路和高速公路也已建成，德州到龙口的铁路即将完成，该铁路线竣工后，在铁路交通上可从德州环渤海直抵龙口港。海运方面，龙口拥有 5 座万吨级泊位，年吞吐量 854 万吨的全国最大的地方港——龙口港。

龙口矿区的生产矿井有北皂矿、梁家矿和洼里矿三处，采矿权范围 122.3km²。其中，北皂矿位于矿区的西北部，原有井田面积（陆地部分）28.47km²。北部海域扩大区已勘探面积为 26km²；井田地貌单元为第四系山前冲积平原，北部为渤海。区内地势平坦，地势总的变化趋势自南向北、自东向西逐渐变低，坡度极为平缓，地面标高 0~7.97m。地表主要构筑物为矿井工业广场、工业园、村庄，其余为树林、果园、农田和塌陷坑。区内水系不甚发育，无河流，仅有人工挖掘的小灌溉渠道。由于采煤塌陷，地面形成多处塌陷积水区，积水区面积约 0.94km²，积水量约 207 万立方米；本区北部约有 19.24km² 被海水覆盖，海水水深 0~14m，总体上由南向北渐深。

梁家矿位于北皂矿正南面，该矿陆地部分井田面积 48.05km²，为山前冲积平原，地形较为平坦。地面标高 0~+27m，由西北向东南逐渐增高，地形的自然坡度一般为 3‰ 左右，区内有城镇、村庄、果园、农田等。主井、副井、风井三个井口标高均为+4.5m，工业广场地面标高一般为+3.5m。由于井下开采，导致地面局部沉降，出现坑洼，目前仅有三处因采煤沉陷导致的低洼地带积水区，主要分布于梁家村的西北部与北部和龙化范家村的东部与东南部，面积约 5.10km²。井田内水系不甚发育，河流有中村河、小恒河。这两条河分别距矿井已开采区500m和5000m之多，属于地表河流，河床为第四系，河流的最低侵蚀基准面为海平面。其中主要河流为中村河，全长45km，汇水面积120km²，区内流经长度6km，河床宽100~150m，该河自东南向西北注入渤海，属季节性河流。

洼里矿位于黄县煤田聚煤盆地中部及西北部，矿井田（包括原规划的乡域井田）面积45.76km²，区内地势平坦，仅东北隅羊岚一带有玄武岩小丘。地势东南高而西北低，地面标高+7.30~+29.15m。区内水系不发育，仅东部界外有绛水河和黄水河，西部界外有中村河，皆为季节性河流，汛期河水流入渤海。

龙口矿区的地貌在总体上属于山前冲积平原，北部为渤海；区内陆地地势平坦，地势总的变化趋势自南向北、自东向西逐渐变低，坡度极为平缓，地面标高0.84~29.15m。西北部沿海地带为积层沙滩，地面标高2~8m，矿区东南部一般在10~25m。

2. 资源环境概况

矿区煤炭储量以褐煤为主，其次为发焰煤，其特点是煤的挥发分高，发热量较低。煤田为第四系冲积砂砾层覆盖下的不完整段陷盆地，成煤时代为新生代早第三纪，为"三软"地层，煤岩硬度系数3以下。煤种主要为褐煤、部分长焰煤。煤与油母页岩共生。属低瓦斯矿井。

矿区水文地质类型为简单型。含煤地层中主要含水层有第四系砂砾层，第三系地层中有泥灰岩、泥岩与泥灰岩互层，煤$_1$油$_2$、煤$_2$至煤$_4$间砂岩。上述含水层中第四系砂砾层为强含水层，泥灰岩、泥岩与泥灰岩互层为弱至中等含水层，煤$_1$油$_2$、煤$_2$至煤$_4$间砂岩为弱含水层，以静储量为主。随着矿井开拓开采排水的影响，其水位急剧下降，区域呈疏干状态。正常情况下，第四系砂砾层水对第三层地层中的含水层无补给。泥灰岩水和泥岩与泥灰岩互层水对矿井开采无影响。煤$_1$油$_2$、煤$_2$至煤$_4$间砂岩含水层是矿井开采中的直接充水含水层。

龙口矿区内水系不甚发达,主要河流有中村河自东南向西北注入渤海,全长 45km,汇水面积 120km²。区内流经长度 6km,河床宽 100~150m,属季节性河流,与第四系潜水有水力联系。

3. 社会经济概况

龙口矿区始建于 1968 年,经过 40 多年的开发建设,已经发展成以煤炭生产、热电联产、油页岩综合利用、煤炭物流为核心主业,集机械加工、建工建材等为一体的大型区域,构建了较为完善的"煤—电—油—运"循环经济产业链。

2010 年,矿区煤炭产量 935.7 万吨;销售收入 122 亿元,首次突破 100 亿元大关,成为烟台市 12 个过百亿元企业之一;上缴交利税 12 亿元,资产总额突破 65 亿元,员工人均收入 4.83 万元。矿区综合实力跃至全国煤炭企业 100 强第 42 位,全国能源 500 强第 160 位。

总体来说,龙口矿区所在的龙口市,工业经济发展迅速,基本形成了以煤炭为先头,建材、电力、化工为后继的地方工业体系,经济和各项社会事业得到了迅速的发展。

(二) 龙口矿区生态产业链现状评价

龙口矿区的生态产业围绕"资源循环利用,企业循环生产,产业循环组合,矿区循环发展"的方式展开,发展循环经济产业链。基于对龙口矿区的调查、分析,得出其总体产业链流程图如图 4.2 所示。

在了解生态产业链现状和评价指标体系确定之后,通过实地调查、收集、分析和整理,得到 2007~2010 年龙口矿区的各指标数据,如表 4.4 所示。其中,指标数据来源于以下几方面:①统计年鉴,包括 2007~2009 年中国煤炭工业统计年鉴、2007~2010 年中国循环经济年鉴。②在龙口矿区的实地考察、调研。③龙口矿区提供的相关资料。

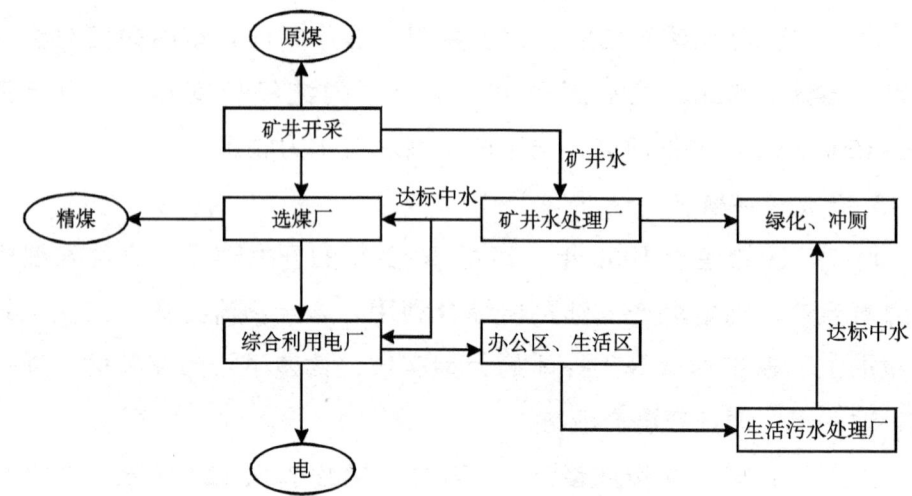

图 4.2 龙口矿区总体产业链流程图

表 4.4 龙口矿区生态产业链评价指标体系 2007~2010 年原始数据

序号	指标	单位	2007年	2008年	2009年	2010年
1	矿井煤炭回采率	%	79.9	80.0	80.3	80.3
2	矿区服务年限	年	56	55	54	53
3	单位储量消耗产值	万元/万吨	9.04	9.87	12.77	22.19
4	单位能耗产值	万元/吨	1.65	1.84	2.20	4.57
5	单位水耗产值	万元/吨	0.19	0.20	0.22	0.41
6	产品结构协调度	无量纲	一般	一般	好	好
7	生态产业链长度	个	3	4	4	5
8	产业实现利润总额	万元	26090.9	23371.2	28385.3	43999.3
9	产业总资产贡献率	%	49.71	51.64	53.07	57.15
10	R&D 投入产值比重	%	2.61	2.63	2.79	3.15
11	成本技术风险性	无量纲	0.51	0.48	0.44	0.41
12	市场交易风险性	无量纲	0.49	0.47	0.45	0.43
13	废水治理达标率	%	26.45	37.16	88.40	89.46
14	废气排放达标率	%	27.37	35.46	59.78	71.39
15	塌陷土地复垦率	%	30.10	31.00	32.00	32.79
16	煤矸石综合利用率	%	50.12	59.70	61.03	62.35
17	固体废弃物综合利用率	%	43.60	47.81	51.22	57.93
18	矿区居民就业率	%	89.12	90.03	91.25	91.79
19	职工平均受教育程度	年	9	10	11	12
20	职工平均工资福利水平	元/人·年	35818	38769	41029	48339
21	劳动保护标准执行度		83	87	92	95

注：成本技术风险性、市场交易风险性统计的是其风险概率，劳动保护标准执行度统计的是其执行百分比。

1. 层次分析法确定指标权系数

运用层次分析法确定权系数,即通过调查分析,采用专家咨询法得出判断矩阵,借助 Matlab 软件计算其特征根和特征向量,取其最大特征根,从而确定权重,整理结果后得 A—B、B_1—C、B_2—C、C_3—D、C_4—D、C_5—D、C_6—D、B_3—C、B_4—C 的判断矩阵,并检验判断矩阵的一致性,具体结果如下:

(1) 指标体系的层次单排序和一致性检验。

对于各层次的判断矩阵,计算结果如表 4.5 至表 4.13 所示:

表 4.5　A—B 专家赋值判断矩阵计算详表

A	B_1	B_2	B_3	B_4	M_{Ai}	$\overline{W}_{Ai}$	W_{Ai}	C.I
B_1	1	5	1	0.3	1.5	1.136	0.239	
B_2	3	5	1	1	15	1.968	0.413	
B_3	1	3	1	1	3	1.316	0.277	0.088
B_4	0.2	1	0.3	0.2	0.012	0.340	0.071	
Σ	—	—	—	—	—	4.960	1.000	

其中,$\lambda_{max} = 4.264$,CR $= 0.098 < 0.10$,符合一致性检验要求。

表 4.6　B_1—C 专家赋值判断矩阵计算详表

B_1	C_1	C_2	M_{Bi}	$\overline{W}_{Bi}$	W_{Bi}	C.I
C_1	1/3	1	1/3	0.577	0.25	
C_2	1	3	3	1.732	0.75	0.000
Σ	—	—	—	2.309	1.000	

其中,$\lambda_{max} = 2$,CR $= 0.000 < 0.10$,符合一致性检验要求。

表 4.7　B_2—C 专家赋值判断矩阵计算详表

B_2	C_3	C_4	C_5	C_6	M_{Bi}	$\overline{W}_{Bi}$	W_{Bi}	C.I
C_3	1	2	1/2	3	3	1.316	0.263	
C_4	1/3	1/2	1/3	1	1/18	0.864	0.173	
C_5	2	3	1	3	18	2.060	0.412	0.024
C_6	1/2	1	1/3	2	1/3	0.760	0.152	
Σ	—	—	—	—	—	5.000	1.000	

其中，$\lambda_{max}=4.071$，$CR=0.027<0.10$，符合一致性检验要求。

表 4.8　C_3—D 专家赋值判断矩阵计算详表

C_3	D_1	D_2	D_3	M_{Ci}	$\overline{W}_{Ci}$	W_{Ci}	C.I
D_1	1	1	1	1	1	0.334	
D_2	1	1	1	1	1	0.333	
D_3	1	1	1	1	1	0.333	0.000
Σ	—	—	—	—	3	1.000	

其中，$\lambda_{max}=3$，$CR=0.000<0.10$，符合一致性检验要求。

表 4.9　C_4—D 专家赋值判断矩阵计算详表

C_4	D_4	D_5	M_{Ci}	$\overline{W}_{Ci}$	W_{Ci}	C.I
D_4	1	2	2	1.414	0.667	
D_5	1/2	1	1/2	0.707	0.333	0.000
Σ	—	—	—	2.121	1.000	

其中，$\lambda_{max}=2.000$，$CR=0.000<0.10$，符合一致性检验要求。

表 4.10　C_5—D 专家赋值判断矩阵计算详表

C_5	D_6	D_7	D_8	M_{Ci}	$\overline{W}_{Ci}$	W_{Ci}	C.I
D_6	1	1	3	3	1.442	0.443	
D_7	1	1	2	2	1.26	0.387	0.009
D_8	1/3	1/2	1	1/6	0.551	0.170	
Σ	—	—	—	—	3.253	1.000	

其中，$\lambda_{max}=3.018$，$CR=0.016<0.10$，符合一致性检验要求。

表 4.11　C_6—D 专家赋值判断矩阵计算详表

C_6	D_9	D_{10}	M_{Ci}	$\overline{W}_{Ci}$	W_{Ci}	C.I
D_9	1	2	2	1.414	0.500	
D_{10}	2	1	2	1.414	0.500	0.000
Σ	—	—	—	2.828	1.000	

其中，$\lambda_{max}=1.000$，$CR=0.000<0.10$，符合一致性检验要求。

表 4.12 B_3—C 专家赋值判断矩阵计算详表

B_3	C_7	C_8	C_9	C_{10}	C_{11}	M_{Bi}	$\overline{W}_{Bi}$	W_{Bi}	C.I
C_7	1	1/3	2	1/3	1/2	1/9	0.644	0.115	
C_8	3	1	3	1	2	18	1.783	0.319	
C_9	1/2	1/3	1	1/3	1/2	1/36	0.489	0.087	0.01
C_{10}	3	1	3	1	1/3	3	1.246	0.223	
C_{11}	2	1/2	2	3	1	6	1.431	0.256	
Σ	—	—	—	—	—	—	5.593	1.000	

其中，$\lambda_{max} = 5.3984$，$CR = 0.009 < 0.10$，符合一致性检验要求。

表 4.13 B_4—C 专家赋值判断矩阵计算详表

B_4	C_{12}	C_{13}	C_{14}	C_{15}	M_{Bi}	$\overline{W}_{Bi}$	W_{Bi}	C.I
C_{12}	1	1	1/2	2	1	1	0.216	
C_{13}	1	1	1/2	3	3/2	1.107	0.238	
C_{14}	2	2	1	5	20	2.115	0.454	0.004
C_{15}	1/3	1/2	1/5	1	1/30	0.426	0.092	
Σ	—	—	—	—	—	4.648	1.000	

其中，$\lambda_{max} = 4.012$，$CR = 0.004 < 0.10$，符合一致性检验要求。

（2）指标体系的层次总排序和一致性检验。

C—D 和 B—C 的层次总排序结果如表 4.14 至表 4.16 所示：

表 4.14 C—D 专家赋值判断矩阵指标权重详表

D_i \ C_i	C_3 0.263	C_4 0.173	C_5 0.412	C_6 0.152	W_i
D_1	0.334	0	0	0	0.088
D_2	0.333	0	0	0	0.088
D_3	0.333	0	0	0	0.088
D_4	0	0.667	0	0	0.115
D_5	0	0.333	0	0	0.058
D_6	0	0	0.443	0	0.183
D_7	0	0	0.387	0	0.159
D_8	0	0	0.170	0	0.070
D_9	0	0	0	0.500	0.076
D_{10}	0	0	0	0.500	0.076
Σ	1.000	1.000	1.000	1.000	1.000

由表 4.14 可得层次总排序的 CR 值，即

$CR = 0.027 + (0.000, 0.000, 0.016, 0.000) \times (0.263, 0.173, 0.412, 0.152)^T = 0.034 < 0.10$

这个结果说明模型总排序符合一致性检验要求。

表 4.15　B—C 专家赋值判断矩阵指标权重详表

C_i \ B_i	B_1 0.239	B_2 0.413	B_3 0.277	B_4 0.071	W_i
C_1	0.25	0	0	0	0.060
C_2	0.75	0	0	0	0.179
C_3	0	0.263	0	0	0.109
C_4	0	0.173	0	0	0.071
C_5	0	0.412	0	0	0.170
C_6	0	0.152	0	0	0.063
C_7	0	0	0.115	0	0.032
C_8	0	0	0.319	0	0.088
C_9	0	0	0.087	0	0.024
C_{10}	0	0	0.223	0	0.062
C_{11}	0	0	0.256	0	0.071
C_{12}	0	0	0	0.216	0.015
C_{13}	0	0	0	0.238	0.017
C_{14}	0	0	0	0.454	0.032
C_{15}	0	0	0	0.092	0.007
Σ	1.000	1.000	1.000	1.000	1.000

由表 4.15 可得层次总排序的 CR 值，即

$CR = 0.098 + (0.000, 0.027, 0.009, 0.004) \times (0.239, 0.413, 0.277, 0.071)^T = 0.099 < 0.10$

这个结果说明模型总排序也符合一致性检验要求。

第四章 煤炭矿区生态产业链评价方法

表 4.16 专家赋值判断矩阵综合指标权重详表

目标层	准则层（权重）	指标层（权重）	子指标层（权重）	组合权系数
A	B_1 (0.239)	C_1 (0.25)		0.060
		C_2 (0.75)		0.179
	B_2 (0.413)	C_3 (0.263)	D_1 (0.334)	0.036
			D_2 (0.333)	0.036
			D_3 (0.333)	0.036
		C_4 (0.173)	D_4 (0.667)	0.048
			D_5 (0.333)	0.024
		C_5 (0.412)	D_6 (0.443)	0.075
			D_7 (0.387)	0.066
			D_8 (0.170)	0.029
		C_6 (0.152)	D_9 (0.500)	0.031
			D_{10} (0.500)	0.031
	B_3 (0.277)	C_7 (0.115)		0.032
		C_8 (0.319)		0.088
		C_9 (0.087)		0.024
		C_{10} (0.223)		0.062
		C_{11} (0.256)		0.071
	B_4 (0.071)	C_{12} (0.216)		0.015
		C_{13} (0.238)		0.017
		C_{14} (0.454)		0.032
		C_{15} (0.092)		0.007

2. 熵值法修正指标权系数

熵值法属于客观赋值方法，为了避免层次分析法的主观因素可能会导致标度把握不准和丢失部分信息等问题的出现，在层次分析法的基础上应用熵值法对权系数进行修正，修正结果如表 4.17 所示。

表 4.17 熵值法对评价指标权系数的修正值

层次	指标代号	e	g	μ	λ	修正后组合权系数
A—B	B_1	0.777	0.223	0.429	0.448	0.448
	B_2	0.905	0.095	0.183	0.330	0.330
	B_3	0.940	0.060	0.115	0.139	0.139
	B_4	0.858	0.142	0.273	0.083	0.083
B_1—C	C_1	0.812	0.188	0.500	0.25	0.112
	C_2	0.812	0.188	0.500	0.75	0.336

续表

层次	指标代号	e	g	μ	λ	修正后组合权系数
B_2—C	C_3	0.843	0.157	0.371	0.397	0.131
	C_4	0.918	0.082	0.194	0.324	0.107
	C_5	0.946	0.054	0.128	0.089	0.029
	C_6	0.870	0.130	0.307	0.191	0.063
B_3—C	C_7	0.901	0.099	0.182	0.098	0.014
	C_8	0.929	0.071	0.130	0.192	0.027
	C_9	0.962	0.038	0.070	0.028	0.004
	C_{10}	0.798	0.202	0.371	0.388	0.054
	C_{11}	0.865	0.135	0.248	0.294	0.041
B_4—C	C_{12}	0.888	0.112	0.282	0.248	0.021
	C_{13}	0.918	0.082	0.207	0.199	0.017
	C_{14}	0.902	0.098	0.247	0.455	0.038
	C_{15}	0.895	0.105	0.264	0.098	0.008
C_3—D	D_1	0.999	0.001	0.334	0.334	0.044
	D_2	0.999	0.001	0.333	0.333	0.044
	D_3	0.999	0.001	0.333	0.333	0.044
C_4—D	D_4	0.918	0.082	0.500	0.667	0.071
	D_5	0.918	0.082	0.500	0.333	0.036
C_5—D	D_6	0.914	0.086	0.422	0.570	0.017
	D_7	0.960	0.040	0.196	0.232	0.007
	D_8	0.922	0.078	0.382	0.198	0.006
C_6—D	D_9	0.918	0.082	0.500	0.500	0.032
	D_{10}	0.918	0.082	0.500	0.500	0.032

3. 确定模糊隶属度

以表 4.4 中龙口矿区 2010 年的原始数据为依据，根据本章第二节构建的模糊隶属度函数，确定其评价指标的模糊隶属度，如表 4.18 所示。

表4.18 评价指标的模糊隶属度

准则名称及代码	指标名称及代码	模糊隶属度
自然资源指标（B_1）	矿井煤炭回采率（C_1）	0.803
	矿区服务年限（C_2）	0.300

续表

准则名称及代码	指标名称及代码		模糊隶属度
经济效益指标（B_2）	产业效率指标（C_3）	单位储量消耗产值（D_1）	0.800
		单位能耗产值（D_2）	0.400
		单位水耗产值（D_3）	0.600
	产业结构指标（C_4）	产品结构协调度（D_4）	0.700
		生态产业链长度（D_5）	0.400
	产业经济贡献指标（C_5）	产业实现利润总额（D_6）	0.800
		产业总资产贡献率（D_7）	0.600
		R&D投入产值比重（D_8）	0.800
	生态产业链稳定性（C_6）	成本技术风险性（D_9）	0.590
		市场交易风险性（D_{10}）	0.570
环境效益指标（B_3）	废水治理达标率（C_7）		0.895
	废气排放达标率（C_8）		0.714
	塌陷土地复垦率（C_9）		0.328
	煤矸石综合利用率（C_{10}）		0.624
	固体废弃物综合利用率（C_{11}）		0.630
社会效益指标（B_4）	矿区居民就业率（C_{12}）		0.100
	职工平均受教育程度（C_{13}）		0.800
	职工平均工资福利水平（C_{14}）		0.700
	劳动保护标准执行度（C_{15}）		0.950

4. 龙口矿区生态产业现状模糊综合评价

根据龙口矿区各指标2010年的数据（见表4.18）及上述的评价指标模糊隶属度函数的构建方法，首先确定评价指标体系各个指标与矿区生态产业链发展程度之间的模糊关系矩阵，确定结果如下：

$$R_{B_1} = \begin{bmatrix} 0.2 & 0.8 & 0 & 0 & 0 \\ 0 & 0 & 0 & 0.8 & 0.2 \end{bmatrix} \quad (4.48)$$

$$R_{B_2} = \begin{bmatrix} R_{C_3} \\ R_{C_4} \\ R_{C_5} \\ R_{C_6} \end{bmatrix} = \begin{bmatrix} 0.1 & 0.9 & 0 & 0 & 0 \\ 0 & 0 & 0.3 & 0.7 & 0 \\ 0 & 0.2 & 0.8 & 0 & 0 \\ 0 & 1 & 0 & 0 & 0 \\ 0 & 0 & 0.6 & 0.4 & 0 \\ 0.3 & 0.7 & 0 & 0 & 0 \\ 0 & 0.2 & 0.8 & 0 & 0 \\ 0.1 & 0.9 & 0 & 0 & 0 \\ 0 & 0.7 & 0.3 & 0 & 0 \\ 0 & 0.8 & 0.2 & 0 & 0 \end{bmatrix} \quad (4.49)$$

$$R_{B_3} = \begin{bmatrix} 0.8 & 0.2 & 0 & 0 & 0 \\ 0.6 & 0.4 & 0 & 0 & 0 \\ 0 & 0 & 0.4 & 0.6 & 0 \\ 0 & 0.5 & 0.5 & 0 & 0 \\ 0 & 0.7 & 0.3 & 0 & 0 \end{bmatrix} \quad (4.50)$$

$$R_{B_4} = \begin{bmatrix} 0 & 0 & 0 & 0 & 1 \\ 0.4 & 0.6 & 0 & 0 & 0 \\ 0 & 1 & 0 & 0 & 0 \\ 0.9 & 0.1 & 0 & 0 & 0 \end{bmatrix} \quad (4.51)$$

其中，R_{B_i} 为准则层中各指标与产业链发展水平之间的模糊关系矩阵，矩阵中的元素 r_{ij} 为各准则层中第 i 个指标对第 j 级发展水平的模糊隶属度。根据表 4.16 可知评价指标体系中各指标的权系数分别为：

$W_A = (0.239 \quad 0.413 \quad 0.277 \quad 0.071)$

$W_{B_1} = (0.25 \quad 0.75)$ \hfill (4.52)

$W_{B_2} = (0.263 \quad 0.173 \quad 0.412 \quad 0.152) = (W_{C_3} \quad W_{C_4} \quad W_{C_5} \quad W_{C_6})$

$\quad = (0.334 \quad 0.333 \quad 0.333; \quad 0.667 \quad 0.333; \quad 0.443 \quad 0.387 \quad 0.170; \quad 0.500 \quad 0.500)$
\hfill (4.53)

$W_{B_3} = (0.115 \quad 0.319 \quad 0.087 \quad 0.223 \quad 0.256)$ \hfill (4.54)

$W_{B_4} = (0.216 \quad 0.238 \quad 0.454 \quad 0.092)$ \hfill (4.55)

通过对矿区生态产业链发展水平各准则层指标的模糊关系矩阵分别与相应的准则指标权系数相乘，进行分层模糊评价，可以得出评价结果，即子指标层对指标层的模糊评价为：

$$E_C = (W_{C_3}, W_{C_4}, W_{C_5}, W_{C_6}) \times \begin{bmatrix} R_{C_3} \\ R_{C_4} \\ R_{C_5} \\ R_{C_6} \end{bmatrix} = \begin{bmatrix} 0.0334 & 0.3672 & 0.3663 & 0.2331 & 0 \\ 0 & 0.667 & 0.1998 & 0.1332 & 0 \\ 0.1499 & 0.5405 & 0.3096 & 0 & 0 \\ 0 & 0.75 & 0.25 & 0 & 0 \end{bmatrix}$$
\hfill (4.56)

指标层对准则层的模糊评价为：

$$D_B = W_B \times R_B = (W_{B_1}, \ W_{B_2}, \ W_{B_3}, \ W_{B_4}) \times \begin{bmatrix} R_{B_1} \\ E_C \\ R_{B_3} \\ R_{B_4} \end{bmatrix}$$

$$= \begin{bmatrix} 0.05 & 0.2 & 0 & 0.6 & 0.15 \\ 0.0705 & 0.5487 & 0.2965 & 0.0843 & 0 \\ 0.2834 & 0.4413 & 0.2231 & 0.0522 & 0 \\ 0.178 & 0.606 & 0 & 0 & 0.216 \end{bmatrix} \quad (4.57)$$

准则层对目标层的模糊评价为：

$$V_A = W_A \times D_B = [0.1322 \quad 0.4397 \quad 0.1843 \quad 0.1927 \quad 0.0512] \quad (4.58)$$

为了便于分析，将现状评价过程中各指标的模糊隶属度及各级评价结果用表 4.19 和图 4.3 来表示。

表 4.19 龙口矿区生态产业链现状各指标的隶属度及评价结果

准则层	指标层名称	较好	好	一般	差	较差
自然资源指标	矿井煤炭回采率	0.2	0.8	0	0	0
	矿区服务年限	0	0	0	0.8	0.2
经济效益指标	单位储量消耗产值	0.1	0.9	0	0	0
	单位能耗产值	0	0	0.3	0.7	0
	单位水耗产值	0	0.2	0.8	0	0
	产品结构协调度	0	1	0	0	0
	生态产业链长度	0	0	0.6	0.4	0
	产业实现利润总额	0.3	0.7	0	0	0
	产业总资产贡献率	0	0.2	0.8	0	0
	R&D 投入产值比重	0.1	0.9	0	0	0
	成本技术风险性	0	0.7	0.3	0	0
	市场交易风险性	0	0.8	0.2	0	0
环境效益指标	废水治理达标率	0.8	0.2	0	0	0
	废气排放达标率	0.6	0.4	0	0	0
	塌陷土地复垦率	0	0	0.4	0.6	0
	煤矸石综合利用率	0	0.5	0.5	0	0
	固体废弃物综合利用率	0	0.7	0.3	0	0

续表

准则层	指标层名称	较好	好	一般	差	较差
社会效益指标	矿区居民就业率	0	0	0	0	1
	职工平均受教育程度	0.4	0.6	0	0	0
	职工平均工资福利水平	0	1	0	0	0
	劳动保护标准执行度	0.9	0.1	0	0	0
准则层及发展现状评价结果	自然资源指标	0.05	0.2	0	0.6	0.15
	经济效益指标	0.0705	0.5487	0.2965	0.0843	0
	环境效益指标	0.2834	0.4413	0.2231	0.0522	0
	社会效益指标	0.178	0.606	0	0	0.216
	发展现状评价	0.1322	0.4397	0.1843	0.1927	0.0512

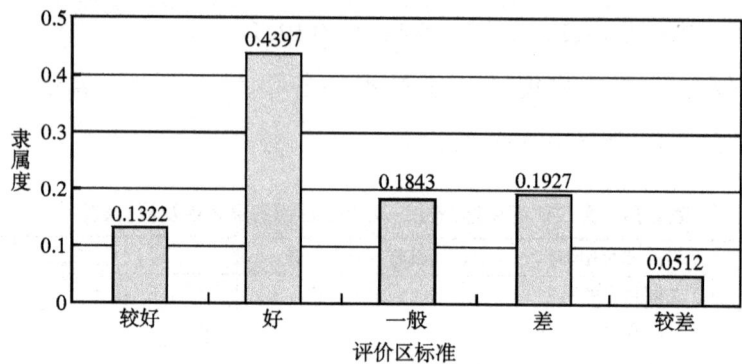

图4.3 龙口矿区现状评价结果

从图4.3的现状评价结果可以看出，龙口矿区生态产业发展现状相对好的隶属度为0.4397，根据最大隶属度原则，其发展水平处于良好状态，其次为差和一般状态，隶属度分别为0.1927和0.1843。这一方面说明了龙口矿区的生态产业链各要素发展不协调，另一方面也说明了龙口矿区的生态产业链特征比较复杂。因此，找出影响龙口矿区生态产业发展的有利因素和限制因素是十分必要的。

从图4.4和表4.19可以看出，环境效益指标对发展较好的隶属度最高为0.2834，其次为社会效益指标，隶属度为0.178。这说明龙口矿区的生态产业在环境效益和社会效益两方面发展得比较好。自然资源指标的评价值属于较好等级的隶属度为0.05，经济效益指标评价值属于较好等级的隶属度达到0.0705，这表明，煤炭资源储量及煤炭资源

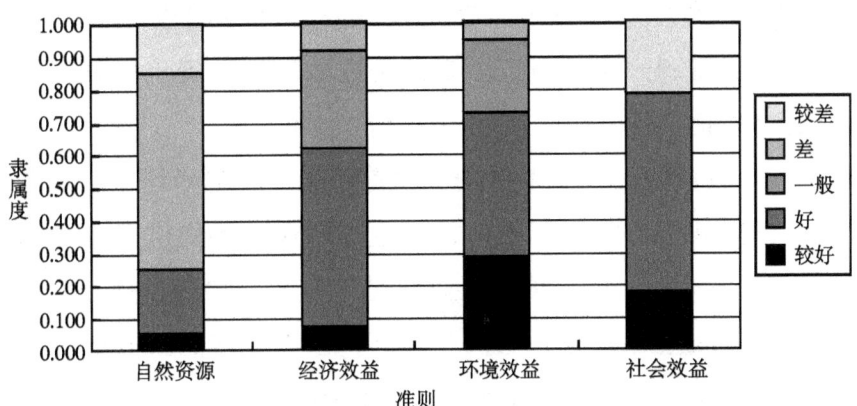

图 4.4　龙口矿区生态产业准则层的评价结果

回采率是制约矿区生态产业发展的重要因素之一，部分经济效益指标一般，生态产业的整体经济效益有待于进一步提高。具体分析如下：

（1）在自然资源要素中，矿井煤炭回采率对于发展良好的隶属度最高为 0.8；而矿区服务年限对于等级差的隶属度达到 0.8，其发展水平隶属于差。这说明龙口矿区的煤炭资源储量不足导致矿区服务年限缩短，煤炭采掘业、电力产业及相关产业会因煤炭资源枯竭而衰落。探明新的储量，延长矿区服务年限是矿区生态产业持续、健康发展的关键。

（2）经济效益方面，单位储量消耗产值、产品结构协调度和 R&D 投入产值比重三因素隶属于好的状态，而产业实现利润总额对好的隶属度也很高，达到了 0.7。这说明龙口矿区的产出效益高，产品结构协调程度好，技术研发能力较强。但是单位能耗产值和生态产业链长度指标隶属于差的状态，说明矿区的产业偏向于高耗能、低产出，产业链短，产业循环周期短，单位产值能耗高、产业链短影响了生态产业的整体效益。

（3）环境效益方面，废水治理达标率和废气排放达标率较高，属于等级较好和好的隶属度分别为 0.8 和 0.6。其次为固体废弃物综合利用率，隶属于好的状态。这说明龙口矿区对废水、废气和固体废弃物的治理比较好，产生了较好的生态环境效益。而塌陷土地复垦率只有32.79%，煤炭资源开采造成了大量的土地破坏，发展土地复垦、生态恢复与重建产业，是发展矿区生态产业的重要方面。

（4）社会效益方面，职工平均受教育程度、职工平均工资福利水平和劳动保护标准执行度指标较好，为生态产业发展提供了良好的人力资源与制度保障。但矿区居民就业率对于较差的隶属度达到了1，表明急需发展矿区生态产业，延长产业链，创造更多的就业机会，提高当地居民的就业率，创造更加和谐稳定的社会环境。

（三）发展建议

通过对龙口矿区2010年生态产业链发展现状的评价和分析，针对其矿区生态产业的发展劣势，提出一些相应的发展对策或建议。

（1）在现有矿区主导产业链的基础上引入补链，不断延伸和拓宽产业链，使其尽可能地实现横向共生和纵向耦合，提高资源生产效率。

基于对龙口矿区产业链的分析，矿区现有的主导产业链结构为：原煤经开采、洗选后加工成精煤；煤泥和洗矸经综合利用电厂处理用于发电或办公区和生活区的供热；矿井水经过矿井水处理厂处理后用于绿化和冲厕。除此之外，龙口矿区在其主导产业链的基础上，还可以发展和延伸多条产业链，如原煤经矿井开采后的掘进矸石可经煤矸石砖厂加工成矸石砖，粉煤灰可经建材厂处理加工成陶粒和砌块，发展建材业；掘进矸石也可用于塌陷土地的回填复垦变成耕地，发展种植业；矿井水经加工处理后还可用于耕地灌溉，发展养殖业等。建议龙口矿区可发展的产业链结构如图4.5所示，虚线为建议发展的产业。

（2）积极开展矿区塌陷土地的回填和复垦。矿区塌陷土地的治理有利于矿区土地的重新利用，对矿区生态产业的发展起着重要的作用。矿区塌陷土地的恢复方法有很多，常用的方法有：对采矿形成的洼坑进行回填使之成为平地；对排土场的边坡进行处理，不致造成塌陷形

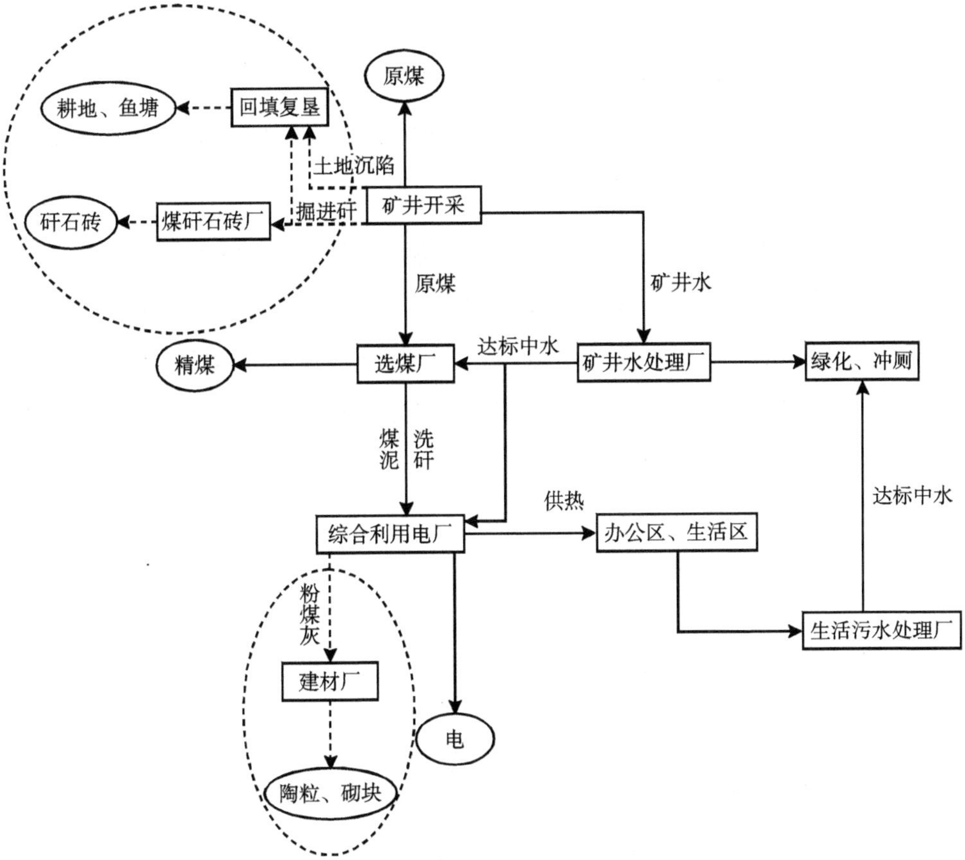

图 4.5 可扩展的龙口矿区产业链图

成渗漏；对于积水塌陷区，可以采取充填复垦和疏排法等非充填方法治理。这些方法比较适用于龙口矿区塌陷土地的治理，有助于提高龙口矿区塌陷土地的治理率。

（3）加强矿区废水污染的预防与治理。矿井水和煤泥水对矿区生态环境污染较为严重，因此有必要将矿井水和煤泥水最大程度地处理和净化，使之成为可用资源，进行循环利用，尽可能地减少环境污染和资源浪费，同时解决矿区缺水的问题，减轻矿区的经济负担。目前，对于煤泥水的处理一般采用在浓缩池前加絮凝剂，将压滤机或挤压机安装在浓缩池底用于回收煤泥的方法，以此来实现洗煤水的闭路循环。采用添加絮凝剂，再经沉淀池沉淀的方法来对矿井水进行浓缩澄清处理。

（4）有效地处理煤炭开采与环境治理的关系。在煤炭的开采过程中要充分考虑到资源的节约和环境保护问题，避免资源浪费和生态环境的破坏，充分合理地利用资源。近几年来，龙口矿区的煤炭产业发展较好，但还存在着资源浪费严重、环境治理滞后等问题。因此有必要采取合理的措施来解决这些问题和矛盾。比如增加煤炭技术研发的投入，提高煤炭回采率，充分合理地利用资源；在发展经济的同时注意节约资源，减少浪费，降低污染物的排放量等，以期实现龙口矿区生态产业持续、稳定、更好地发展。

小 结

（1）基于对煤炭矿区生态产业链发展模式的分析，从资源、环境、经济、社会四个方面选取指标，构建了煤炭矿区生态产业链评价指标体系。以自然资源、经济效益、环境效益和社会效益四个因素为准则层，下设 15 个指标为指标层、10 个指标为子指标层。

（2）确定煤炭矿区生态产业评价采用模糊综合评价法，建立了生态产业评价模型。采用层次分析法为每个评价指标赋权重，运用熵权法修正权系数，进而确定各层次各评价指标的权重，构建了各评价指标的模糊隶属函数，确立了各指标的评价标准，进而构建了模糊评价关系矩阵。

（3）以龙口矿区作为研究对象，通过分析龙口矿区 2007~2010 年的实际数据，运用层次分析法赋权、熵值法修正权系数等方法，确定了龙口矿区评价体系的权系数；依据各指标的模糊隶属度及评价等级标准，构建了评价集的模糊关系矩阵，进而对龙口矿区生态产业链现状进行了模糊综合评价。得出结论:龙口矿区的生态产业发展现状良好,生态产业的主要评价指标自然资源、经济效益、生态环境、社会效益的评价结果表现出了较大的差异性。基于此,提出了相应的发展对策和建议,如在主导产业链的基础上引入补链,建议发展建材业、种植业和养殖业;积极开展矿区塌陷土地的回填和复垦;加强矿区废水污染的预防与治理;有效地处理煤炭开采与环境治理的关系等。

第五章　矿区生态产业链延伸机理研究

矿区生态产业共生指的是一种生态产业的经济合作模式，由矿区内不同的企业围绕对生产性资源进行循环再生以及利用开展的，它是随着生产资源的匮乏以及全球环保意识的崛起而慢慢兴起的。

对生态产业链生成机理研究已取得了重要进展，目前已经有部分专家及学者对此提出了创新性的观点。王兆华博士提出生态产业链生成的机理包括：成本推动机理、效益拉动机理、环境取向机理、自组织和协同机理。王缉慈认为，促使企业能够主动聚集的原因有以下几个方面：运费和能源的节约，资源和基础设施的共享，以及信息的流动和管理的配合。本章在相关专家和学者的研究基础上，结合矿区生态产业共生系统自身存在的特点，从动力机制的构成元素角度出发，认为矿区生态产业延伸的动力机制是驱动产业共生的力量结构体系。矿区生态产业链延伸存在一定的稳定性及规律性，其延伸机理可以分为外生机理与内生机理。外在动力主要表现在需求拉动、环境容量约束、政府导向及技术保证四个方面；内在动力主要表现为降低成本机制和效益拉动机制两个方面。

矿区生态产业发展模式研究

一、矿区生态产业链延伸的需求拉动机理

矿区生态产业共生的需求条件指的是产品的市场需求。矿区内任何一个企业生产出来的产品，都是用来在市场中进行交换的，是为市场而生产的。所以只有产品有了市场，产业才有发展，主导产业才能够带动其所辐射的产业发展下去。

矿区生态产业共生系统内各个企业维持竞争优势的四个要素为：生产要素条件、需求条件、企业战略背景和相关支撑产业。四个要素中有两个涉及了市场的需求，需求条件指的是其他与矿业相联系的产业对矿业的需求，由于国民经济的持续增长，对矿产资源的需求量越来越大，矿业企业蓬勃发展，相应地带动了相关产业的发展。由于矿产资源的耗竭性及不可再生性，资源可能随其开发利用而变得稀缺，趋于导致矿产的成本升高，使用受限，进而使经济增长受到限制。另一方面，技术的进步趋于使矿产成本下降，可用资源量增加，矿产价格降低，促进经济增长。

而相关产业的支撑指的是与矿业相关联产业的需求，促进了矿区生态产业链的延伸和发展。就煤炭矿区而言，经济发展对煤炭层气、煤电、煤矸石、净化矿井水的需求持续增加，拉动了煤层气产业、煤化工产业、煤电产业、煤矸石建材、矿井水相关产业的发展。

中国不仅是煤炭资源生产和消费大国，同时也是煤层气资源大国。我国煤层气井主要分布在晋、陕、蒙地区，钻井数量占全国煤层气钻井总数的80%以上。我国已探明煤层气储量$1130.29 \times 10^8 m^3$，约占煤层气资源总量的0.3%。其中地面开采探明地质储量$861.65 \times 10^8 m^3$，矿井抽放探明地质储量$268.64 \times 10^8 m^3$[134]。中国丰富的煤层气资源及

其良好的地域分布条件，以及中国政府对煤层气产业在政策上强有力的支持，为中国煤层气产业的发展提供了巨大动力和空间。

中国具有丰富的煤层气资源，规模化和产业化开发利用煤层气资源不仅能有效地增加高效洁净能源供给，优化能源结构而且能直接减少煤矿瓦斯排放量，有效缓解温室效应，同时还有望从根本上遏制矿井瓦斯灾害，改善煤矿安全生产条件。已有的天然气管网和即将建设的煤层气管网也将为煤层气的输送和下游的市场利用提供有利条件。

煤炭是我国最主要的能源资源，不仅是重要的燃料，还是重要的化工原料。近年来，在国际油价急剧震荡和对替代化工原料、替代能源的需求越发迫切的背景下，节能减排已是大势所趋。新型煤化工发展前景看好，但技术瓶颈亟待突破。目前，我国新型煤化工如煤制油、煤制烯烃、煤制天然气、煤制乙二醇等示范装置大多数仍在装置建设后期或准备试车阶段，新型煤化工正处于大发展的前夜。

从煤炭资源分布情况看，主要分布在山西、陕西、内蒙古西部、新疆、山东、河南、苏北以及黑龙江等干旱、半干旱区域，矿井水综合利用显得非常重要，发展矿井水相关产业存在较大的市场需求。矿井水综合利用方向主要有两个，即生产用水和生活用水，其中生产用水又分为工业用水和农业用水。生产用水对水质要求不高，一般矿井水经简单净化处理即可满足要求。工业用水主要适用于矿区井下用水、选煤厂补充水；农业用水主要用于发展农业和养殖业。

这两种需求从一方面来讲，促进了矿区生态产业共生的良好发展；从另一方面来讲，则体现了矿业对其他相关联产业以及新生产业的带动、领导作用。这两个作用使矿区生态产业共生中的产业链朝着横向、纵向以及复合式三个方向发展，也可能在发展原有的产业链的同时形成新的产业链。

二、矿区生态产业链延伸的资源环境取向机理

矿区环境系统的容量存在着一个阈值，在矿区生态产业共生系统没有达到阈值前，随着物质、能量的流动和转换以及信息上的传递，系统的发展演变有着很强的动力，环境容量的阈值越大，系统发展演变的动力也就越大。人们在争取最大限度地发挥环境的潜力来满足其对矿区生态产业链发展演变需求的同时，也在提高环境的容量来逐步适应矿区生态产业链进一步延伸所需的资源环境要求。

环境容量的约束主要包括矿产资源储量以及矿区生态环境约束两个方面。研究矿区生态产业链发展演变趋势问题，首先要考虑的是该矿区内的已探明矿产资源储量及远景储量。矿产资源在生态产业共生系统中处于中心地位，是共生系统建立并发展的基础，对生态共生链的延伸起着主导作用；同时矿产资源也是矿业企业竞争力的物质基础和资源基础，矿产资源的赋存数量及其开采的条件决定了矿区生态产业链发展演变的规模、速度及其效益，决定了矿区生态产业链延伸、发展及其演变的方向。但是，矿产资源是不可再生的可耗竭资源，随着对矿产资源的持续开采，矿产资源储量逐年递减，终将导致矿产资源枯竭。此时，矿业企业关闭，依托矿产资源的企业也会关停并转，矿区生态产业链断裂。

矿区生态环境约束表现为内外两部分，内部约束表现为环境承载力大小的约束，外部约束表现为环境取向机理。

矿区生态环境承载力是相对稳定性和绝对变动性的统一。相对稳定性指的是在一个时间段内，当生态环境系统的结构没有明显的变化发生时，环境承载力在某一数值附近，不会有很大的变化；绝对变动

性包括两方面：环境系统自身的运动变化以及矿区生态产业链延伸对环境系统产生的影响。由此可以得出，矿区生态产业链延伸并不是无限制的，它会受到矿区生态环境承载力的限制；矿区生态产业链延伸所产生的环境效益突破生态环境承载力的阈值，将导致生态环境质量日益恶化，矿区生态产业的可持续发展将面临严重的挑战。

矿区环境取向机理表现在如下四个方面：

1. 环保法律、法规和政策上的压力

矿区的生态环境问题日益突出，对环境的保护已成为全球关注的热点问题，政府为了保证环境的持续发展制定了严格的法律法规，尤其对企业运营过程中的环境问题提出了严格要求。矿区内的企业治污则往往是迫于环保法律、法规和政策的威慑压力，但这种仅靠企业的末端处理办法是不可能从根本上解决环境的污染问题，将难以满足环保法律、法规的要求，并且极有可能成为企业的一项沉重负担。最终的结局可能是企业花了大量经费从事污染物的治理，并且最终经过努力总算达到了法规的标准，然而过不了多久法规又更改了，排放标准又提高了，必须再花更多的金钱方能再次达到法规的要求。面对越来越严格的环境法规和政策压力，企业若想摆脱环境问题的束缚，而能将主要精力和资金用于生产过程中，则最为经济和可行的途径就是与其他企业合作，建立副产品交换系统，通过工业共生网、延长生态产业链来实现经济和环境的双重效应。

2. 满足联盟企业的环境标准

随着各国消费者环境保护意识的增强和环境保护法规越来越严格，企业开始全方位考虑其生产运作的环境问题，而且对其供应商、分销商等上下游的战略合作伙伴等都提出了严格的环境要求，满足环境标准成为企业选择合作伙伴的首要条件。为规范全球企业的环境标准，国际标准化组织从 1992 年 7 月开始制定了 ISO14000 环境管理系列标准，用以规范和约束世界各国的环境管理，提高环境管理水平。到目前为止，国际标准化组织已经颁布了ISO14001《环境管理体系——规范及使用指南》、ISO14004《环境管理体系——原则、体系和支持技术通用指南》、ISO14010《环境审核指南通用原则》、ISO14011《环境审核指南——审核程序、环境管理体系审核》以及ISO140012《环境审核指南——环境审核员资格要求》。ISO14000在世界各国产生了非常大的影响，一股绿色潮流正在全球涌动，世界上越来越多的企业开始使用这一标准。

此外，不仅国内企业之间的合作考虑环境标准，国与国之间的贸易也对环境提出严格的要求，环境外交和环境贸易已经形成。某些国家和地区表示，如果没有ISO14000的认证，产品不准销往其成员国。尤其是随着世界经济一体化进程的加快，以及世界各国环境意识的不断增强，国际贸易与环境保护之间的矛盾与协调问题日益突出。在一些国家，环境保护逐渐成为贸易保护主义政策的一种武器，而且成为国际贸易谈判中讨价还价的筹码。由此可见，环境问题已经成为各国对外贸易政策中具有贸易保护主义色彩的一条具体措施，进而发展成为一种新的非关税壁垒，而这种措施必将以其隐蔽性强、技术要求高、灵活多变等特点，在数年内还会得到越来越多的利用。我国是WTO成员国之一，国际绿色贸易壁垒，对我国贸易的发展既是一个严峻的挑战，也是一次难得的机遇。这就要求我国企业在生产过程中采用新技术和进行技术改造，积极与其他企业合作，建立工业共生网络，延长生态产业链，改变能耗大、效率低的粗放型经营方式，努力提高能源、资源的利用率和劳动生产率，进而打破国际贸易的绿色壁垒，迅速占领和开拓国际市场。

3. 改善与矿区居民的关系

随着民主意识和法制观念的增强，矿区居民开始知道通过各种方式维护自己的权益，矿区力量开始引起矿业企业的高度重视，处理好与矿区周边的关系是企业能否顺利生产经营的重要保障，也是矿业企业树立良好社会形象的重要环节。

矿产资源开发会引起严重的大气污染、水质污染、地面及地下水系破坏、植被破坏、水土流失、地面塌陷等，对矿区居民的生产生活和健康状况都会产生影响，部分矿区居民与矿业企业的关系紧张，甚至发生冲突。由此可见，环境问题的确是影响矿业企业与矿区居民关系的重要因素，社区对企业的要求已不仅仅是经济指标，环境绩效已变得越来越重要，能否在经济发展的同时，为矿区居民创造适宜的生存环境已成为评价矿区企业的一项重要标准。

延长矿产资源开发的产业链，有效利用矿业企业所排出的废物，建立产业共生网络，实现良好的环境效益，为企业改善与矿区居民的关系提供了可行途径。产业共生网络寻求在企业、园区与矿区层次上提高环境质量，其目标就是减少原材料的使用、减少污染、提高能源效率、减少水的使用以及减少在垃圾处理厂处理的废品数量，鼓励企业采用过程创新和技术创新来减少对能源、水和材料的使用。在矿区层面上，生态产业管理者通过依据矿区的生态承载能力来进行场地利用、基础设施建设和企业招募的决策活动，从而达到减少对环境负面影响的目的。在产业共生网络中，连接在一起的企业通过建立材料交换关系能够实现减少废物排放的数量，并使企业获得收益的目标，同时，通过鼓励企业和矿区管理者与矿区居民合作来支持矿区范围内的资源交换和再循环、再利用以及再制造的各种活动。通过一系列的活动，企业在推动当地经济发展的同时，为社区创造适宜的生活环境，为员工提供优异的工作环境，实现与矿区居民的和睦相处。

4. 提升企业的形象和声誉

在环保理念普遍盛行的今天，消费者所关注的已不再仅仅是产品的质量和价格，而是越来越多地关心企业的环保水平。企业积极参与环境保护，不仅可以减少环境事故，减少对环境的污染，解决日益严重的环境污染问题，而且可以树立企业的良好形象，提升声誉，顺应时代潮流，以求得长期健康的发展。

矿区摆脱环境问题的最好办法，就是将主要精力以及资金用在生产的过程中，其最为经济可行的办法就是与其他企业建立合作关系，形成副产品的交换系统，通过产业共生网络来实现经济和环境的双重效益。

三、矿区生态产业链延伸的政府导向及技术支持机理

（一）政府导向

矿区生态产业共生有主观和客观两个层面上的需求与条件，政府的导向作用是不可或缺的。特别是在自主实体共生模式中矿区生态产业共生系统的规划以及建设，离不开政府的支持，在很大程度上依赖于政府进行宏观调控。这是因为：第一，由于信息的不完全对称，矿区生态产业链中的各个节点企业寻找上下游合作节点企业具有很大的不确定性。第二，矿区实现生态产业共生的成本比较大，需要政府给予大力的支持，比如税收、财政政策、财政补贴等方面，政府优惠政策的实施，使得大量企业集聚在一起形成共生网络，不仅节省了政府的管理成本，同时也会发挥优惠政策的实施所带来的效果，鼓励企业改善当地环境以及提高经济表现。第三，共生系统中的个体共生单元有可能发生机会主义和投机行为，致使矿区生态产业共生系统具有不稳定性，此时就需要政府成立专门的机构进行仲裁、调节，从而加强对风险的管理。

为充分利用矿产资源开发所产生的副产品，国家出台了相应的政策措施，为矿产资源产业链延伸提供了有力支持。《中华人民共和国矿

产资源法》和《中华人民共和国矿产资源法实施细则》、《中华人民共和国煤炭法》、《中华人民共和国对外合作开采陆上石油资源条例》等法律和法规中，都已明确提出鼓励发展煤层气产业。2006年6月，国务院发布了《国务院办公厅关于加快煤层气（煤矿瓦斯）抽采利用的若干意见》，明确提出了在高瓦斯矿区实施"先采气，后采煤"和"采气采煤一体化"以及对煤层气和煤炭资源进行综合勘查评价的规定，并要求国家有关部门进一步细化对煤层气产业的优惠政策。这对加快中国煤层气产业发展具有里程碑意义。国土资源部于2007年下发了《关于加强煤炭和煤层气资源综合勘查开采管理的通知》，要求按照"先采气，后采煤"的原则，对煤炭、煤层气进行综合勘查、开采。财政部和国家税务总局已出台更加优惠的税收政策；国土资源部即将出台煤层气和煤炭资源综合勘查评价和减免探矿权、采矿权使用费的管理办法。国家煤炭安全生产监督管理局也出台了相应的政策鼓励煤层气产业的发展。同时，国家出台相应的政策措施，支持鼓励利用矿井水、煤矸石发展相关产业，这对延长矿产资源开发产业链具有促进作用。

（二）技术支持

技术上的不断进步对矿区生态产业共生方式、生态环境的变化规律有着很大的影响，比如应用废弃物资源化、土地复垦等技术，有助于矿区生态产业共生的协同进化。对废弃物以及副产品进行再利用是矿区生态产业共生的物质基础，要求矿区生态产业共生系统内企业有强大的技术能力对产生的废弃物以及副产品进行再利用并能够生产出合格的产品。

当一个节点企业拥有了利用上游节点企业供应物质的技术，它才有资格加入到矿区生态产业共生系统中的生态产业链中来。因此，技术水平在构成矿区生态产业链中的节点企业数量以及企业间生态产业链的复杂程度等方面起着重要的作用。同时，还存在着由于技术上的创新产生的企业间相互协调的问题,当矿区生态产业链中某一个节点企业的技术发生变化时,它对上下游节点企业产生的影响是非常大的。一旦某个节点企业的技术发生了变化从而使得其产生的废弃物以及副产品发生了变化,那么它的下游企业所拥有的技术也要随之进行相应的更新,否则极有可能无法利用上游节点企业所提供的供应物;同时也会向上游节点企业的供应物质提出新的要求,同样上游企业也要相应地调整它所拥有的技术。如果系统中某一个节点企业无法跟上技术创新的步伐,则很有可能导致整个矿区生态产业链偏离平衡的状态,使得矿区生态产业链的稳定性面临很大的风险。因此说,技术是矿区生态产业共生系统形成及发展的必要保证。

四、矿区生态产业链延伸的成本推动机理

随着环境法规执行力度的加强,社会对环境的保护越来越重视,企业对废弃物的处理标准也变得越来越严格。矿区生态产业共生系统内产生的"三废"不经处理直接排放的行为将会受到严厉的惩罚。"三废"的处理需要花费大量的费用,其费用在成本中占有很大的比例,并且在一定程度上对企业经营的效率和效益有着很大的影响。事实上,如果矿区生态产业共生系统能够在系统内部将"三废"吸收并且消化掉,那么"三废"不仅不是废弃物,而且会降低矿区内处理废弃物的成本。在这个目标的基础上建立起共生系统,系统内各个共生的企业都会对自己的成本—效益进行分析。如果企业不参与到共生网络中,那么它将面临的选择只有两种,第一就是自己处置废物,第二就是不经任何的处理直接排放掉。前者需要花费大量的处置费用,对企业来说十分不经济,而后者则可能面临更大的潜在惩罚,这些成本

都是在企业不参与共生网络的情况下发生的,统称非合作成本。如果企业加入产业共生网络,则会享受由于大量企业存在而产生的"共生效应",主要表现在两个方面:副产品(矿井水、煤层气、煤矸石、伴生矿产资源等)的充分利用极大地降低了企业"废物"的处理成本和遭受惩罚的可能性;同时,企业间的频繁交流降低了交易成本,企业知识和技术的转移促进了废物利用技术的提升。由此可见,产业共生网络能够有效降低非合作成本。随着非合作处理成本的升高,企业将会对循环处理自己的废物变得越来越感兴趣,但非合作处理成本的升高并不是连续的,在大部分情况下都有临界值,当有关部门(地区、省或国家政府机关)提高企业向自然界排放废物的成本达到某一临界值时(不同废物类型的该临界值不同),企业将积极寻找合作伙伴,把它的废物全部纳入到产业共生网络中,从而促进产业共生网络的形成。此外,政府部门提高废物排放成本不仅会起到直接促进产业园区内某些特殊企业积极处理废物的效果,而且当达到网络建立的临界值时,还会通过间接的"共生效应"促进副产品在园区内的流动,减少废物排放的总量。总之,成本因素在产业共生网络的形成过程中起到非常重要的作用,追求低成本是企业建立产业共生网络的主要动力,合理利用"成本杠杆"有助于产业共生网络的形成。

通过降低成本、提高收益、改善环境的实现来获取经济、环境双重收益,是建立生态工业园的最初本意。从最初企业的行为来看,充分利用本地资源优势,节省原材料的采购费用和运输费用,从而节约生产成本是形成产业共生的原始动力。实际的工业园建设得益于本地化的自然禀赋(土地、矿产、地理位置等)、产业发达程度及劳动力资源方面的差异。这主要是由于农业经济和工业经济时代交通运输及其他相关成本的存在,企业在选址问题上首先要考虑的因素就是生产资源的供应是否便利,一般都选择在距离资源近的地方建厂。即使是现在,对这个问题的考虑仍是许多企业进入工业园建立产业共生关系的重要参考。生态产业园内由于企业集聚和共生现象的存在，原材料、副产品和产成品的运输大多成为短距离的门对门运输，费用大大降低，为企业生产提供了便利，缩短了交货及生产时间，有些企业的原材料运输费用甚至因此降到了最低限，这在企业分散经营的情况下是不可能实现的。由于生态产业园内企业的集聚和共生形成的规模和市场解决了运输难的问题，大大降低了运输费用，从而成为企业愿意进入生态产业园的原因之一。

企业建立产业共生关系，可以大幅度地降低原材料的采购成本，上游企业生产的副产品可以作为下游企业的原材料，本来是运送到垃圾填埋场的生产废物，经过一定的回收和处理又变为另一家企业的生产原料。一般地，以这种方式获得原材料的价格都是非常低的，有些甚至是免费的，这有助于企业降低原材料的采购成本，对企业具有巨大的吸引力。企业在相互合作中减少了废物的处理成本，同时又从交换中获得收益，成为建立产业共生关系的又一主要动力。

为了鼓励企业建立产业共生网络，当地政府一般会制定许多相应的优惠政策，如土地使用费的减免、税收优惠和财政补贴，这无形之中使企业节省许多成本。尤其在产业园区内的基础设施建设和维护方面，如交通、水、电、能源和垃圾填埋场等，一般都由园区统一建设和管理，通过规模化的运作和共同投资，减少了企业的重复性开支，这也成为产业园区吸引企业进入的一个重要手段；同时，管理部门对园区范围内的公共环境和生态系统采取统一管理，减少了企业与周围社区及单位的摩擦成本，企业便可以把主要精力用在生产经营方面。

此外，园区内企业成本降低还体现在产业集聚方面，大量企业聚集在一起既能凸显规模效益，又能发挥专业化分工的优势。一般来说，一家企业的需求是多方面的，而自己的供给能力是有限的，这时企业成本降低靠自己是很困难的。而若干家具有生产关系的企业集聚在一起，情况就不同了，需求的急剧增长，会使相应的供应商出现，从而使成本得以大幅度地降低。这种具有关联关系的企业聚集在生态产业园内不仅使共生企业获得了降低成本的收益,也有助于衍生相关产业和服务业,随着进入园区的企业增多,会使共生链条上的各环节获益,并可能形成新的市场,市场的不断发展和成熟,反过来将进一步降低生产成本。因此,生态产业园内的共生体依靠众多企业集聚成一个"联合型大企业"而获得"准规模优势",最终实现降低生产成本的目的。

五、矿区生态产业链延伸的效益拉动机理

1. 矿区生态产业链衍生集群经济效益

产业集群(Industiral Cluster)是产业发展演化过程中的一种地缘现象,即某个领域内相互关联(互补、竞争)的企业在一定的地域内连片,形成上、中、下游结构完整(原材料供应到销售渠道甚至最终用户),外围支持产业体系健全,具有灵活机动等特性的有机体系,成为区域经济发展的主要动力的现象。产业集群自人类进入工业化社会以来便已经存在了,它是生产的社会化分工、地域间资源禀赋的不同和居民文化程度的差异等诸多因素作用的结果,只要这些因素存在,产业集群的现象就会继续延续下去。

生态产业园中的企业共同位于相对近距离的某一地域范围内,上游企业的生产副产品可以作为下游企业的生产原材料,从而形成投入产出的关联体。生态产业园中产业共生网络本身就是产业集群的一种表现形式,因此具有明显的集聚经济效应。生态产业园与传统的工业园在所引入的企业类型方面具有一定的差别,它一般拥有若干家大型的企业(对于矿区来说,一般为各种矿业企业),作为该园区的核心企

业，围绕这些大型企业再引入与之在生产和销售方面有关联的中小型企业。一般情况下，企业需寻求合适的分工对象与之结成交易关系，在这个过程中，如果企业分布比较分散或相互之间不了解，交涉和调查等需要费用；选择合作对象花费过多时间又容易丧失扩大市场的机会，这些费用或危险可视为企业间分工的成本。如果这个成本不能降低，企业间机动灵活的分工将难以实现。生态产业园内的企业集群创造了一种使这种成本降低的条件，所有企业同处在一个园区内，各企业的产品类型一目了然，企业家和技术人员定期聚会，与会者可互相交流经验和信息。这一条件的存在大大降低了选择合作伙伴时的调查费用，企业享受着"互相接触的利益"。

在生态产业园内，园区管理者将会从政策、信息和基础设施方面为这些集群企业提供非常优惠的条件。通过园区管理者的政策引导和制度设计，集群会形成一种良好的运作机制，在该集群中企业、公共部门（特别是地方政府）和非政府组织之间可以相互交流。这种交流可以提高企业间合作的效率，如共同营销、共同设计、共同培训等，园区管理者还可以在集群内提倡成立供应商协会和学习型组织，促进转包业务的发展，提高服务效率，这些都会增加集群内企业的利益，使建立产业共生网络的企业比分散的企业能获得更好的经济效益。

在矿产资源开发中，矿区规划设计按生态产业园区进行，产业集群达到一定规模，从矿区外或其他地区、国家吸引新的企业、人才和资金。随着产业集群规模的增大，集群内部的专业程度势必增强，而伴随分工深化而来的创业机会的增加，必然吸引企业家的活动。产业集群的比较优势并不单纯地取决于生产要素的禀赋，而是被创造出来的。企业创业活动的全面展开派生出对创业服务的需求，管理专家、企业家咨询顾问、投资家、会计师和律师等也从各地被吸引到集聚区。由于他们的存在，创业活动的难度被降低。因此，矿区内企业的集聚，形成了一种浓厚的企业家创业氛围。

2. 规模经济与范围经济的牵引效应

规模经济，是指伴随生产能力的扩大而导致生产批量扩大，从而使生产的单位成本下降、收益上升的一种规律性现象。实现规模经济效益的形式很多，最基础的就是分工、协作。在工业化高度发展、进入知识信息社会之际，机器体系、自动机器体系日益向高效化发展，这要求有相应的生产规模与之匹配，以充分运用产能；现代企业高额的研发费用、固定半固定费用，只有大批量生产才能合理分摊，这也相应造就了一批大型、特大型企业集团。对于生态产业园来说，也具有这种特性，一方面表现在生态产业园自身的规模不断扩大；另一方面表现在园区内具有一系列的大型或特大型企业，为了追求规模经济和范围经济，这些企业不仅在经营范围上而且在生产规模上不断拓展。这也是现代化大生产中特定的分工协作形式。在生产集中化、大型特大型企业内部分工协作发展的同时，伴随着生产分散化，围绕着大型特大型主导企业的生产经营，大量中小企业为之提供"少而专"的生产技术和劳务协作，首先"集中规模"从而造成"带动规模"产生"规模效益"。

目前，在市场经济条件下，企业追求的目标就是效益，其目的就是盈利。矿区生态产业共生系统内的单个企业也都如此，没有例外。矿区生态产业共生系统内各个企业之所以能够结合在一起，成为产业链上的节点企业，其本质就是各节点企业为了寻求自身的效益。矿区生态产业共生系统中各个企业能否连接起来从而形成产业链组织系统的关键点就是：产业链中各个节点企业能否获得各自的利益。对于矿区生态产业共生系统内的单个企业来说，当产业共生发展到了一定程度时，能够获得两种规模经济效益：一个是矿区内达到经济规模的大企业，能够获得规模经济效益；另一个就是在矿区共生系统中的若干个小企业之间，因生产上的密切联系从而形成了"联合型的大企业"，在其供给以及需求的博弈过程中获得"准规模经济效益"。这可能是矿区生态产业共生的潜在力量之所在，是对小企业的强大吸引力。因为在矿区内，对于中小企业，就其每个单位来说无规模利益而言，而就其共生整体来说却实现了规模利益。

3. 外部经济的内化效应

从一般均衡的角度看，经济主体之间的经济行为是相互影响和相互制约的，而且这种影响是通过供求关系和市场价格的变动发生作用的。当经济中存在无法通过市场反映出来的影响时，市场就存在外部性。之所以叫"外部性"，是因为这种影响是在"市场之外"的。其中，对受影响者有利的外部影响被称为外部经济，或正外部性；对受影响者不利的外部影响被称为外部不经济，或负外部性。

矿区的投资者和经营者根据产业生态学原理进行规划设计，使矿区内具有各种有利于环境保护的基础设施，从而具有复合生态系统的特性。矿区经营者会从总体上对这些基础设施进行管理和协调，减少了企业在这方面的重复投资，节约了生产成本和交易费用，企业能切实感受到外部经济所产生的内在化效果。

许多具有关联关系的企业集聚在矿区内，通过原材料、半成品、产成品、生产副产品以及各种生产废物等建立紧密或半紧密的产业共生关系，矿产资源开发的副产品可能是另一家企业的生产原材料，供应商和消费者在矿区内可以非常方便地找到，为企业创造了广阔的市场空间。同时，由于产业集群吸引了大量的金融机构、咨询公司、信息中介等服务机构进入矿区，使企业在矿区内享受到许多非常便利的服务，大大减少了交易成本。因此，由于产业集群和产业共生而产生的各种溢出效果，增强了企业的内在优势，提高了企业的市场竞争力。

矿产资源开发的同时，也吸引了大量的人才集聚到矿区，包括各种管理人才和熟练的技术工人等。人才是区域经济发展中最活跃也是最关键的因素，矿区能否实现可持续发展，关键就在于它能否创造人才价值实现的机会，成为人才的聚集区。各企业的优秀人才在矿区内流动,一方面有利于各种知识和技术的流动与传播,另一方面也减少了企业寻找人才的成本,降低了交易费用。因此,产业的集聚带动了人才的集聚,人才的集聚所产生的溢出效果为所有参与企业提供了广阔的发展空间。

产业集聚效益、规模经济效益、外部经济的内化效应拉动了矿区生态产业链的延伸,也为生态产业发展注入了活力。

在矿区生态产业共生系统内,各个节点企业能够聚集在一起并且建立产业链接关系的原因,就是它们之间具有相互吸引对方的某种力量,在自己获利的同时又能够给对方创造价值。这就是企业参与到共生网络中的潜在力量。若矿区生态产业链的正常运转需要企业付出经济上的代价,在没有外力的作用下,企业是不可能参与到共生系统中的;即便是有外力的作用,参与到共生网络的时间也是非常短暂的。即使已经参与到了共生网络中的上游和下游企业,在市场经济的作用下,它们共同进行的生产所带来的效益大于单独生产时产生的效益的加和,生产所需的成本也小于单独生产时所需成本的加和,参与到共生网络的每个节点企业都会获得范围经济所带来的效益,这也是各个节点企业参与到共生网络的一个原因。因此,获得效益是企业参与矿区生态产业共生网络的必要条件。

小　结

矿区生态产业链延伸机理研究对于探讨生态产业共生的发展演变规律以及共生模式有着重要的理论意义和现实意义。矿区生态产业链延伸的动力机制是矿区生态产业共生的力量结构体系,存在着一定的稳定性以及规律性。需求拉动是矿区生态产业链延伸的原动力;矿产资源与矿区环境容量是矿区生态产业链延伸的约束条件；政府主导和先进的技术支持促进了矿区生态产业链延伸；降低生产成本是矿区生态产业链延伸的持续推动力量；追求经济效益是矿区生态产业链延伸的拉动机制。

第六章 矿区生态产业共生模式研究

矿区生态产业共生模式的研究，有助于矿区生态产业共生系统从简单逐步向复杂演进，在一定程度上提升了共生系统的稳定性，有助于矿区经济总量的增长，使得经济效益、环境效益和社会效益能够得到协调发展。第一，矿区生态产业共生模式的研究有助于经济的发展。良好的共生模式能够保证经济的持续增长，使经济的发展进入良性循环，提高矿区经济增长的数量以及质量。第二，有助于提高环境效益。矿区生态产业共生模式的研究能够促进矿区生态产业共生系统对矿区内的环境进行治理，实现清洁生产以及发展洁净煤技术，能够有效地避免煤炭使用的第二次污染，对矿区内的煤矸石进行综合利用，对废弃物资源化技术进行推广以及应用。第三，生态产业共生模式的研究有利于矿产资源开发的社会效益不断提高。发展生态产业会促进矿区内基础设施的建设，包括道路、通信设施、环保设施等，能够有效地促进社会发展。

在可持续发展战略的大背景下，矿区生态产业共生的问题受到了学术界和企业界的广泛关注。虽然有学者从不同的角度进行了分析与研究，如王兆华、武春友分析了基于工业生态学的自主实体共生模式和符合实体共生模式的区别[135]；席旭东在其论文中分析了主导型、平等型、依附型和混合型四种共生链网模式。国内学者相关研究取得了积极进展，但缺乏从共生模式的角度研究矿区生态产业共生模式及其演变趋势的问题，而且理论体系框架尚不完善。基于以上原因，本章围绕矿区生态产业共生模式这一中心问题展开,给出了共生模式的分类并分析了其演变趋势[136],无论对矿区生态产业共生理论的研究,还是对我国目前矿区生态产业园的建设都具有重要意义。

一、矿区生态产业共生模式的分类方法

产业共生是指通过不同企业之间对副产品的相互利用而进行的合作,共同提高企业的生存及获利能力,从而达到节约资源以及保护环境的目的。产业共生系统是由共生单元按照某种共生模式构成的共生关系的集合。产业共生系统的三要素为共生单元、共生模式以及共生环境[137]。

共生模式,也称共生关系,是指共生单元相互作用的方式和相互结合的形式。对产业共生来说,共生关系指的是不同的企业之间进行合作,从而形成的一种合作关系。

矿区生态产业共生模式是由共生单元以及共生环境两者共同来决定的,并随二者的变化而变化。依据分类角度的不同可以分为不同的类型[138]:从共生的行为方式角度来划分,共生模式可分为寄生、偏利共生、非对称互惠共生以及对称互惠共生;从共生的组织模式角度来划分,共生模式可分为点共生、间歇共生、连续共生以及一体化共生;从共生的运作方式角度来划分,共生模式可分为依托型共生、平等型共生以及嵌套混合型共生;从共生单元关系方向的角度来划分,共生模式可分为横向共生、纵向共生以及网络型共生;从共生单元所有权的角度来划分,共生模式可分为自主实体共生以及复合实体共生。

二、矿区生态产业共生模式的识别方法

矿区生态产业共生模式依据不同的划分标准得出了不同的模式。下面就从物质流向和供应链两方面对共生模式进行识别。

（一）基于物质流向的共生模式识别

依据矿区内所有物质的流向，能够识别出不同的共生模式。寄生模式指的是一方共生单元向另一方共生单元无偿地提供物质和能量，是单向流动的，这种模式在生物界是存在的，但是在以追求利益为本质的市场经济下几乎是不存在的。偏利共生指的是一方共生单元帮助另一方共生单元，这种共生模式虽然能够使得整个共生系统产生新的能量，但是只能是单赢的而不能够是多赢的，因此，这种共生模式有些时候是存在的，但是不可能长期地维持下去。互惠共生指的是在共生单元之间进行物质的相互交换，各个共生单元都能够获得属于自己的那份利益，是非常有效率的共生模式。

在依托型共生模式中，物质的流向则为从一个或者几个核心的共生单元向周围众多共生单元流动。在平等型共生模式中，物质的流向则是在共生单元之间开展多层次、多渠道的原料替代以及资源的利用，达成紧密的合作，彼此都能够获利。在嵌套混合型共生模式中，物质的流向则是在整个共生系统中流向比较复杂的，包含了一个或者多个依托型和平等型共生模式的物质流向。三种共生模式物质流向示例如图6.1至图6.3所示。

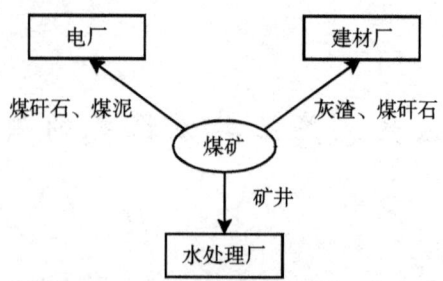

图 6.1 依托型共生模式物质流向示例

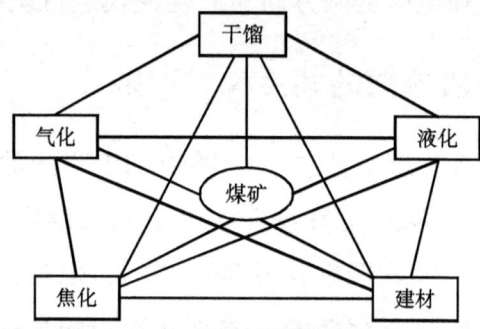

图 6.2 平等型共生模式物质流向示例

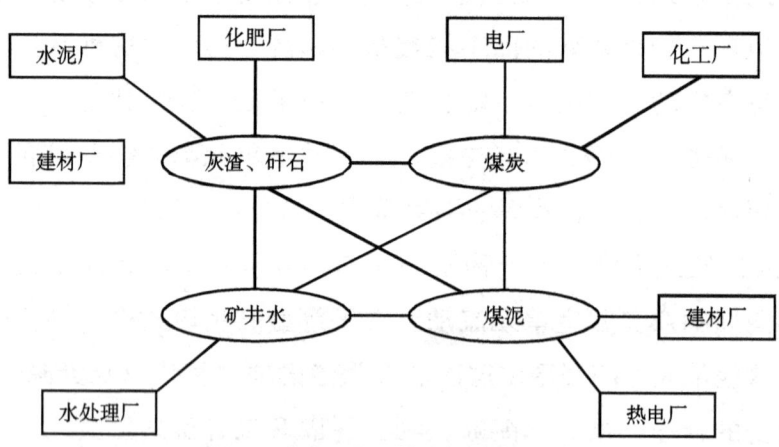

图 6.3 嵌套型共生模式物质流向示例

纵向共生模式中物质的流向则以煤炭资源为基础，主要的形式如图 6.4 所示[138]。

横向共生模式中物质的流向则以纵向共生模式中活动排放的副产品、废弃物等为基础，主要的形式如图 6.5 所示。

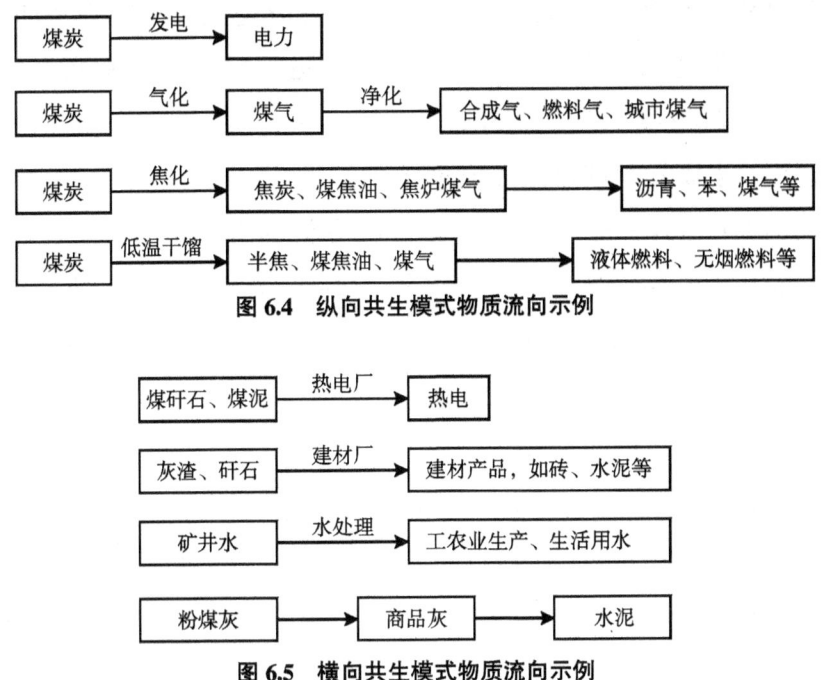

图 6.4 纵向共生模式物质流向示例

图 6.5 横向共生模式物质流向示例

（二）基于供应链的共生模式识别

对于矿区生态产业共生系统而言，在共生系统中那些能够产生副产品的共生单元企业，在供应链中被称为上游企业，也即供应商；与此相对应，在该共生系统中消化或者接收副产品作为其原材料的共生单元企业就是供应链中的下游企业，也即零售商。从另一个角度来说，在共生系统中，某共生单元和能够消化并吸收其副产品或者回收利用其废弃物的下游企业之间，就形成了一种共生关系，它们之间的共生模式就成为了一种供应链模式。因此，从供应链这个角度对共生模式进行识别则具有了可行性。

供应链中的上游企业无偿为下游企业提供所需要的产品，则称之为寄生模式，对于上游企业来讲，未给企业带来任何的收益甚至有可能会损害企业的利益，现实中这种共生模式是不存在的；上游企业为下游企业提供产品，使下游企业的收益增加，但是上游企业并没有获取任何的利益则称之为偏利共生，同样，上游企业没有得到任何利益，这种模式不会持久下去；上游和下游企业进行物质间的交换，使双方都能从中获取利益，则称之为互惠共生，只有在双方共同获利的情况下，这种共生模式才能够持续发展下去。

供应链中存在一个供应商，对应的零售商有若干个，则称此共生模式为依托型共生模式；由若干个平等的供应商和零售商所构成的共生模式则为平等型共生模式；由多个供应商和零售商有机结合所构成的共生模式则为嵌套混合型共生模式。

由于受市场利益的驱动，促使不同的供应商纷纷加入到供应链之中，通过彼此相互的竞争与合作而使得各自获取利益，从而来提升企业的竞争力，供应商之间为平等的关系，当他们无法获利时，则随时可以从供应链退出，则此模式为自主实体共生模式；当供应链中的供应商从属于一家的时候，各供应商都要按照上一家的指挥做事，并没有自主权，则此模式为复合实体共生。

三、矿区生态产业共生模式演变趋势

矿区生态产业共生经历了一个从简单到复杂、从不稳定到稳定、从局部最优到全局最优的进化过程。从简单到复杂指的是共生单元的数目、类型和关联性向多样性方向发展；从不稳定到稳定指的是多样化以及复杂化所带来的分工和协作可以在很大程度上提高系统的效率和竞争力，提高演变的稳定性；从局部最优到全局最优指的是由产业共生所产生的经济效益以及环境效益在地域空间的扩散效应不断地增强。

(一) 行为和组织角度共生模式演变趋势

完整的共生关系是行为方式以及共生程度的具体结合，也可以看成是共生单元之间相互作用方式的结合。在行为模式上存在着四种共生状态，在组织模式上也存在着四种共生状态，可以将两者所构成的共生关系集合看成一个共生系统，共生系统的状态则由共生组织模式以及共生行为模式的组合来决定，由此可以得出如表6.1所示的16种共生状态模式。

表6.1 矿区生态产业共生模式组合状态

组合共生模式	点共生 M_1	间歇共生 M_2	连续共生 M_3	一体化共生 M_4
寄生 P_1	S_{11} (P_1, M_1)	S_{12} (P_1, M_2)	S_{13} (P_1, M_3)	S_{14} (P_1, M_4)
偏利共生 P_2	S_{21} (P_2, M_1)	S_{22} (P_2, M_2)	S_{23} (P_2, M_3)	S_{24} (P_2, M_4)
非对称互惠共生 P_3	S_{31} (P_3, M_1)	S_{32} (P_3, M_2)	S_{33} (P_3, M_3)	S_{34} (P_3, M_4)
对称互惠共生 P_4	S_{41} (P_4, M_1)	S_{42} (P_4, M_2)	S_{43} (P_4, M_3)	S_{44} (P_4, M_4)

共生过程是所有共生单元共同演变的过程，体现着共生系统发展的总体趋势，沿着这一途径进化，共生单元会在彼此不断的激励中共同成长、共同发展。从理论层面上讲，若共生系统中某两个共生单元的初态是 S_{11} (P_1, M_1)，那么，在存在的多种演变途径中，最优的帕累托途径是 S_{11} (P_1, M_1)，S_{22} (P_2, M_2)，S_{33} (P_3, M_3)，S_{44} (P_4, M_4)。在这条途径上共生单元之间共生界面的完善是最快的，并且在物质、能量等的交换过程中，各个共生单元之间激励相容度的增长也是最快的，最后的结果便是共生能量的增长也是最快的。这样，最大的共生能量将会使共生模式由低能稳态朝着高能稳态的方向转变。对于那些处在非帕累托途径上的矿区生态产业共生组合状态，要加快共生关系调整的步伐，以便更快地转换到帕累托途径上的共生组合状态上来，然后再由低能稳态朝着高能稳态逐步演变，从而实现矿区的可持续发展。

(二) 运作方式和共生单元所有权角度共生模式演变趋势

在运作方式上存在着四种共生状态，在共生单元所有权上存在着两种共生状态，可以将两类共生模式构成的共生关系的集合看成一个共生系统，两类模式的组合决定共生系统的状态，由此得出了如表 6.2 所示的八种共生状态模式。

表 6.2　矿区生态产业共生模式组合状态

组合共生模式	单核心依托型 M_1	多核心依托型 M_2	平等型 M_3	嵌套混合型 M_4
自主实体共生 P_1	S_{11} (P_1, M_1)	S_{12} (P_1, M_2)	S_{13} (P_1, M_3)	S_{14} (P_1, M_4)
复合实体共生 P_2	S_{21} (P_2, M_1)	S_{22} (P_2, M_2)	S_{23} (P_2, M_3)	S_{24} (P_2, M_4)

从共生系统稳定性的角度来讲，矿区依托型共生模式的核心单元矿业企业（如煤矿等），对于整个矿区共生网络的形成及其未来的发展起着决定性作用。矿区共生网络的稳定性受到核心单元发展情况的影响非常大，假设核心单元出现了某种问题，如果不对其进行及时的调整，最终很有可能致使整个矿区共生关系崩溃。在矿区平等型共生模式中，各个网络上的节点存在着若干个共生单元，由于共生单元冗余度相对较大，因此平等型共生模式要比依托型共生模式有着更高的稳定性。嵌套型共生网络中的卫星单元，在各自的核心单元下开展工作，进行对副产品以及废弃物的供给以及采购，在共生网络中，所有这些核心单元以及卫星单元都维持着分工协作的关系。对于矿区嵌套混合型共生模式来讲，既增加了共生单元之间进行自由组合搭配的可能性，同时加强了合作单元之间相互依赖、凝聚的共生网络整体性，这种共生模式具有较高的稳定性以及安全性。矿区自主实体共生模式中共生单元的经营方向和生产规模具有很强的不可控制性，同时物质流动和能量的传输具有很强的刚性，因此，矿区自主实体的共生模式不如复合实体共生模式的稳定性强。复合实体共生与嵌套混合型共生的结合最具稳定性，不管共生系统的出发点在什么位置，其最终会走向共生

模式 S_{24}（P_2，M_4），这一模式具有最优的稳定性,是共生系统演变的最终模式。

（三）共生单元关系方向角度共生模式演变趋势

在矿区生态产业系统中存在着纵向共生,即共生单元与其上游供应共生单元和下游共生单元之间通过对产品、副产品以及废弃物等的交换形成的共生形式,如煤炭—电力—市场、煤炭—气化—市场；同时又存在横向共生,即共生单元与废弃物接收共生单元之间的共生形式,如煤泥—热电厂—热电、矸石—建材厂—建材产品。纵向共生和横向共生的结合就构成了网络型共生,也就是共生模式的演变趋势,见图 6.6。

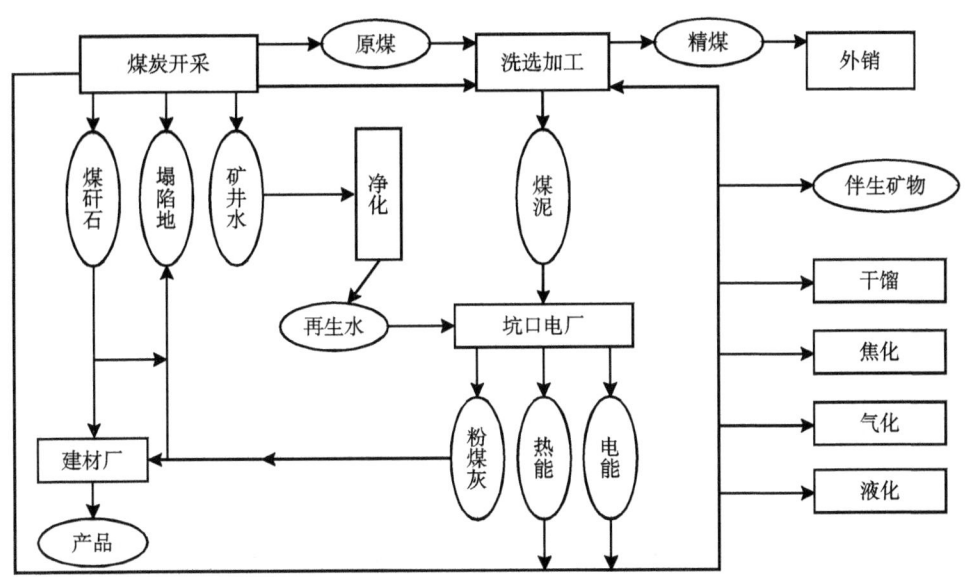

图 6.6 矿区生态产业共生网络模式

虽然现在矿区生态产业共生模式都具备了纵向共生和横向共生,但是其大部分产业链条的构建并不完善,都多少受到客观条件和主观因素的制约,都需要进一步对其进行调整和优化。

共生模式发展演变后其特征变化如图 6.7 所示。

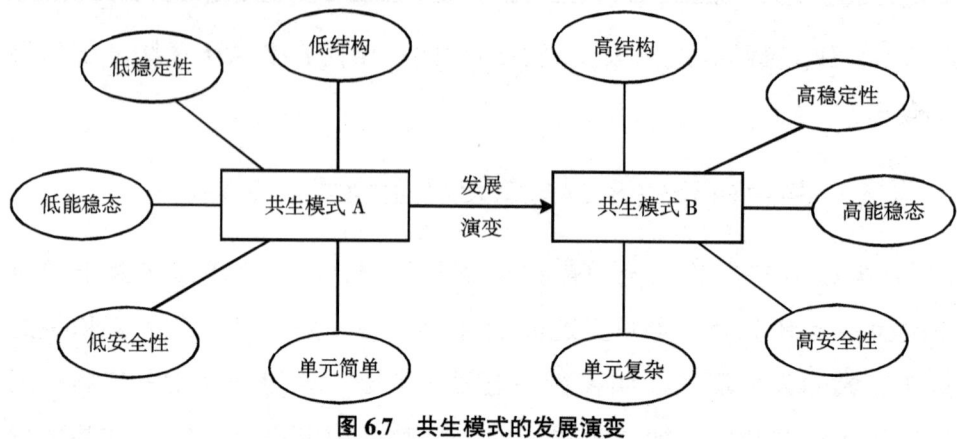

图 6.7 共生模式的发展演变

上述从共生模式分类的角度分析了矿区生态产业共生模式演变趋势，目前也有部分矿区形成了较好的共生模式，好的共生模式不仅要在经济方面创造更多的价值，在社会效益方面积极推动社会向前发展，还要在环境保护方面减少负面影响。如果能够把经济发展、社会发展和环境保护三者有机地结合起来，那么就是比较好的共生模式，就是矿区生态产业共生模式发展演变的目标。

小 结

本章以矿区生态产业共生模式为核心，给出其分类方法，并从物质流向和供应链两方面结合示例对其进行了识别，进而指出矿区生态产业共生模式的演变趋势，并得出了共生模式发展演变后其特征的变化。矿区生态产业共生模式的研究，有助于共生系统进一步发展及其演化，促进共生单元之间形成更加稳定的共生系统，使矿区生态产业共生系统的发展进入一个稳定的阶段。另外，对矿区生态产业共生模式的研究，对提高矿区生态产业共生系统的经济、社会和环境效益，达到三者的平衡统一有着重要意义。

第七章 矿区生态产业共生系统稳定性研究

随着矿区生态产业共生系统的不断发展,其产生的经济效益和环境效益日益明显,但是共生系统存在的稳定性问题也越来越突出。矿区生态产业共生系统稳定性的内涵主要包括系统的抵抗能力以及修复能力,如果共生系统没有达到稳定的状态,那么系统将无法运行,无法实现其功能目标,共生系统的整体功能将会遭到破坏。系统的稳定性是整个矿区生态产业共生系统形成以及健康发展的前提,维持系统的稳定对整个共生系统能否实现其预定的目标至关重要,因此,研究矿区生态产业共生系统的稳定性变得尤为重要和迫切。目前国内外有关矿区生态产业共生系统稳定性的研究较少,处于探索阶段,尚未形成系统的理论成果。邓华博士从技术维度、结构维度、外部维度三方面对生态产业共生系统的稳定性进行了探讨,具体分析了三类共11个因素对稳定性的影响[103]。徐立中、秦荪涛运用了波特的价值链理论,研究了生态产业共生系统在价值上建立稳定机制的方法以及理论框架[85]。喻宏伟等人从博弈论的角度对生态产业园的稳定性进行了探讨,指出了影响其稳定性的根源为制度上的创新[104]。蔡小军等人提出了一种基于合作博弈的利益分配模型,对生态产业共生链条的稳定性进行了深入的分析,并且给出了其稳定性的必要以及充分条件[83]。周浩借用 Logistic 方程,讨论了卫星式以及网状式两种集群达到稳定共生的条件以及经济解释,提出了企业集群达到稳定共生的关键点是集群内部激烈的竞争[105]。高伟从多学科角度对产业生态系统的稳定性进行了深入研究,建立了影响稳定性因素的三维理论模型,并进一步从技术因素以及政府支持因素对自主实体共生和复合实体共生进行了深入的分析[106]。本章探讨了矿区生态产业共生系统的稳定性,系统分析了影响矿区生态产业共生系统稳定性的两个主要因素,提出共生模式和共生策略对共生系统稳定性的影响机理,进而给出了相应对策[139]。

一、矿区生态产业共生及其系统

矿区生态产业共生,指的是共生体中的共生单元之间,在一定的共生环境中以某种特定的共生模式形成的相互依存的关系。矿产资源是矿区生态产业共生的主导资源,在系统中处于中心地位,对系统的整体行为起着支配作用。矿区生态产业共生同时也受到生态环境的约束,无视矿区生态环境承载力的严重后果是矿产资源的加速枯竭,矿区生态产业共生的发展将面临严重的挑战。

根据共生系统的三要素理论,矿区生态产业共生系统由共生单元、共生关系(共生模式)以及共生环境(外部环境)三者构成。共生单元指的是构成共生关系的基本能量和交换单位;共生关系也称为共生模式,指的是共生单元之间相互作用的方式以及相互结合的形式;共生环境也称为外部环境,指的是共生单元以外的所有因素的总和。

矿区生态产业系统,是指把矿区生态产业看成生物圈的一部分,依据生态学以及产业生态学等原理的指导,依照物质循环、生物以及产业共生的原理,通过对生态产业链纵向以及横向系统优化而形成的网络型、进化型产业,其有着低消耗、高效率、经济增长与生态环境之间相协调等特点，以减少环境负担，获取经济和环境的双重效益为目的。矿区生态产业系统作为一种新型的产业组织，其运行受内、外两方面因素的影响，系统的不稳定现象也越来越突出，因此，对其稳定性的研究紧迫性日益显现，对其稳定性的研究有助于解决整个产业系统的稳定和长远发展问题。

二、矿区生态产业共生系统不稳定的原因及其影响因素

区别于一般的产业系统，矿区生态产业共生系统内部企业之间的连接纽带有两个：一是上下游之间流动的废物（同时也是原材料），视为有形资源的连接纽带；二是各企业内部的生态化连接技术，它必须针对不同的有形废物资源，在物理、化学状态上进行再塑，其目的是使上游以及下游流动的物质在新的生产环节中得到使用价值的更新，由于连接技术并非是可视的物质，因此可以将其看成系统内部无形的连接纽带。

同时，区别于一般产业系统，矿区生态产业共生系统的运营有两个主要目标：经济效益以及环境效益。追求经济利益最大化是传统的经济学与管理学思想，而矿区生态产业共生系统同时也注重这一经济过程的外部性，以系统的思想把自身运营的环境效益也纳入规划以及评价的目标中。

由上可见，矿区生态产业共生系统特殊的内部结构以及外部目标，使得它与一般产业集群相比，在内部结构、技术构成以及外部影响因素等方面有着更加苛刻的稳定边界条件，也有着更加脆弱的系统稳定性。

维持矿区生态产业共生系统稳定性的目的是取得经济效益和环境效益的"双赢"。如果说技术可行性是矿区产业共生网络系统存在的物质前提,那么成员之间的竞争、交流、合作的关系为其存在打下了良好的基础。没有这个基础的存在,共生系统的形成以及稳定的发展是不可能实现的。通过这个基础,才能够协调好各方技术之外的利益,从而保证了共生系统内部进行良好的竞争与合作。而这种竞争与合作关系在实质上来讲就是各个成员之间相互依赖的决策问题。

影响矿区生态产业共生系统稳定性的因素很多,本章主要讨论其中两个主要因素,即共生模式及共生策略。

三、共生模式和共生策略对矿区生态产业共生系统稳定性的影响机理

(一) 基于共生模式的稳定性分析与研究

矿区生态产业共生系统具有一定的共生模式。依据生态共生系统建设的基础、规模、功能以及目标等的不同,其共生模式可以划分成从简单到复杂的多种类型。按行为方式(行为模式)来划分,可以分为寄生、偏利共生、对称互惠共生以及非对称互惠共生四种共生关系;按组织化的程度(组织模式)来划分,可以分为点共生、间歇共生、连续共生以及一体化共生四种;从共生的运作方式来划分,可以分为依托型工业共生、平等型工业共生以及嵌套型工业共生,分别如图7.1至图7.3所示。

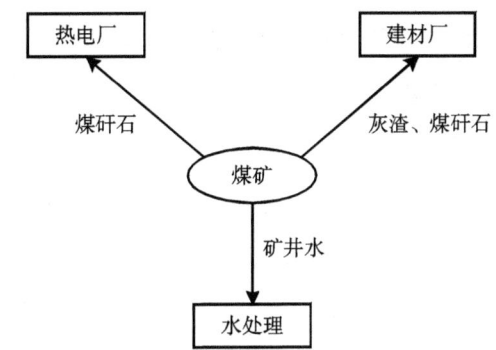

图 7.1 依托型工业共生模式

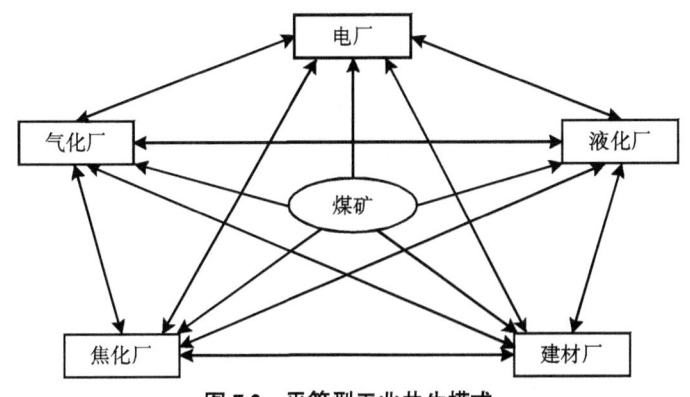

图 7.2 平等型工业共生模式

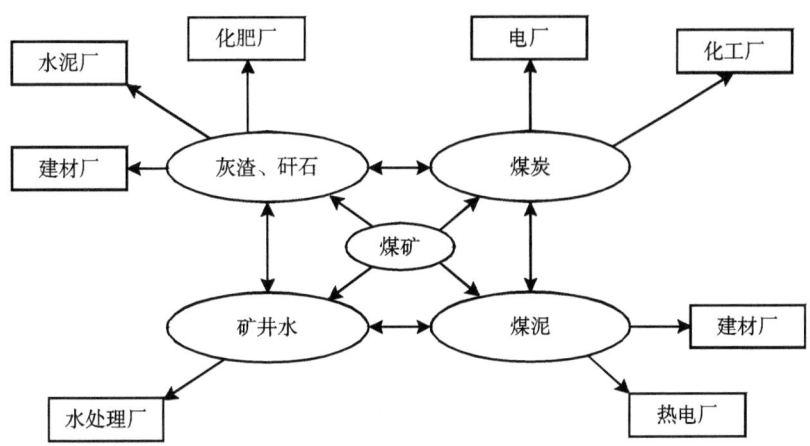

图 7.3 嵌套型工业共生模式

在此借用生物学中描述不同种群共生现象的 Logistic 模型[92]来进行稳定性分析。在模型中，将处于共生演化过程中企业所经历的经济、环境绩效的变化简化为共生效益。共生效益,是对企业经济和环境双赢状态的一种客观上的描述。

模型的几个前提假设:①用 $x_i(t)$ 表示企业 i 的共生效益,即假定企业的共生效益是时间 t 的函数。②用 r 表示企业 i 所在行业的生态效益的平均增长率,在此设定为常数。③在一个时间段内,矿区产业共生系统内,假定原材料、资本以及市场规模等是一定的,每个企业都存在着一个最大生态效益,记做 N。④假定在共生系统中,对于一方而言,另一方的存在对自身生态效益都起到促进的作用,则用 σ_{ji} ($\sigma_{ji} \geq 0$) 表示企业 j 对企业 i 的促进作用。⑤企业的市场规模饱和度对共生企业生态效益的增长率有着阻滞作用,定义企业 i 的自然市场规模饱和度为 x_i/N_i。⑥因为产业共生系统有生态系统的一些典型特征,因此可以借鉴生物学对生物种群关系的分类方法,将企业大致分为两个类型:独立性企业和依赖性企业。独立性企业以及依赖性企业的 Logistic 模型如下:

独立性企业:$\dfrac{dx_i(t)}{dt} = r_i x_i \left[1 - \dfrac{x_i}{N_i} + \sum_{j \neq i} \sigma_{ji} \dfrac{x_i}{N_j} \right]$, i, j=1, 2, $\cdots$, n, $\cdots$

(7.1)

依赖性企业:$\dfrac{dx_i(t)}{dt} = r_i x_i \left[-1 - \dfrac{x_i}{N_i} + \sum_{j \neq i} \sigma_{ji} \dfrac{x_i}{N_j} \right]$, i, j=1, 2, $\cdots$, n, $\cdots$

(7.2)

根据企业间不同的合作关系可以将产业共生合作分为平等型共生合作、依托型共生合作和依赖型共生合作。本文通过 Logistic 模型来讨论以上三种合作方式的稳定性,并给出了相关分析和对策。

1. 平等型共生合作

独立性企业 A 和 B 共生合作时,其模型为:

$$\begin{cases} \dfrac{dx_1(t)}{dt} = r_1 x_1 \left(1 - \dfrac{x_1}{N_1} + \sigma_{21} \dfrac{x_2}{N_2} \right) \\ \dfrac{dx_2(t)}{dt} = r_2 x_2 \left(1 - \dfrac{x_2}{N_2} + \sigma_{12} \dfrac{x_1}{N_1} \right) \end{cases}$$

(7.3)

方程组(7.3)为自治的非线性方程组,对于共生结构已经达到了稳定水平的微分方程组,可以利用线性化方法来讨论其平衡点的稳定性。令方程组(7.3)两式为零,即

$$\begin{cases} f(x_1, x_2) = \dfrac{dx_1(t)}{dt} = r_1 x_1 \left(1 - \dfrac{x_1}{N_1} + \sigma_{21}\dfrac{x_2}{N_2}\right) = 0 \\ g(x_1, x_2) = \dfrac{dx_2(t)}{dt} = r_2 x_2 \left(1 - \dfrac{x_2}{N_2} + \sigma_{12}\dfrac{x_1}{N_1}\right) = 0 \end{cases} \quad (7.4)$$

可以求解出平衡点为 $P_1\left(\dfrac{N_1(1+\sigma_{21})}{1-\sigma_{21}\sigma_{12}}, \dfrac{N_2(1+\sigma_{12})}{1-\sigma_{21}\sigma_{12}}\right)$, $P_2(0, 0)$

对方程组(7.4)在平衡点 $P(x_1^*, x_2^*)$ 展开泰勒级数,省略掉二次及其以上各项,得:

$$\begin{cases} \dfrac{dx_1(t)}{dt} = r_1\left(1 - \dfrac{2x_1}{N_1} + \sigma_{21}\dfrac{x_2}{N_2}\right)(x_1 - x_1^*) + r_1\sigma_{21}\dfrac{x_1}{N_2}(x_2 - x_2^*) \\ \dfrac{dx_2(t)}{dt} = r_2\left(1 - \dfrac{2x_2}{N_2} + \sigma_{12}\dfrac{x_1}{N_1}\right)(x_2 - x_2^*) + r_1\sigma_{12}\dfrac{x_2}{N_1}(x_1 - x_1^*) \end{cases} \quad (7.5)$$

可以得到其系数矩阵:

$$A = \begin{pmatrix} r_1\left(1 - \dfrac{2x_1}{N_1} + \sigma_{21}\dfrac{x_2}{N_2}\right) & r_1\sigma_{21}\dfrac{x_1}{N_2} \\ r_2\sigma_{12}\dfrac{x_2}{N_1} & r_2\left(1 - \dfrac{2x_2}{N_2} + \sigma_{12}\dfrac{x_1}{N_1}\right) \end{pmatrix}$$

将均衡点 P_1 和 P_2 代入系数矩阵 A,依据微分方程的稳定性可知,P_2 并不是稳定的平衡点,P_1 成为平衡点的条件是 $\sigma_{12}\sigma_{21}<1$,由于企业 A 和 B 是平等型的,那么稳定的条件可以成为:$\sigma_{12}<1$ 并且 $\sigma_{21}<1$,进而可知 $\dfrac{1+\sigma_{21}}{1-\sigma_{21}\sigma_{12}}>1$。因此,在稳定条件下,企业 A 和 B 的效益分别为 $\dfrac{1+\sigma_{21}}{1-\sigma_{21}\sigma_{12}}>1$ 和 $\dfrac{N_2(1+\sigma_{12})}{1-\sigma_{21}\sigma_{12}}>N_2$,这就说明了两者的共生效益大于各自独立经营时获得的效益。

2. 依托型共生合作

独立性企业 A 和依赖性企业 B 共生合作时,其模型为:

$$\begin{cases} \dfrac{dx_1(t)}{dt} = r_1 x_1 \left(1 - \dfrac{x_1}{N_1} + \sigma_{21} \dfrac{x_2}{N_2}\right) \\ \dfrac{dx_2(t)}{dt} = r_2 x_2 \left(-1 - \dfrac{x_2}{N_2} + \sigma_{12} \dfrac{x_1}{N_1}\right) \end{cases} \quad (7.6)$$

求解的过程和平等共生模型相同,得到平衡点为:

$$P_1\left(\dfrac{N_1(1-\sigma_{21})}{1-\sigma_{21}\sigma_{12}},\ \dfrac{N_2(-1+\sigma_{12})}{1-\sigma_{21}\sigma_{12}}\right),\ P_2(0,\ 0)$$

将方程组(7.6)各方程在平衡点处展开泰勒级数,省略掉二次及其以上各项,根据微分方程稳定性可知,$P_2(0,\ 0)$ 是不稳定平衡点,P_1 为稳定平衡点条件为:$\sigma_{21}<1$,$\sigma_{12}>1$,$\sigma_{21}\sigma_{12}<1$。在稳定平衡状态的时候,$\dfrac{N_1(1-\sigma_{21})}{1-\sigma_{21}\sigma_{12}}>N_1$,这就说明了独立性企业共生得到的效益要大于其独自经营时的效益。

3. 依赖型共生合作

依赖性企业 A 和 B 共生合作时,其模型为:

$$\begin{cases} \dfrac{dx_1(t)}{dt} = r_1 x_1 \left(-1 - \dfrac{x_1}{N_1} + \sigma_{21} \dfrac{x_2}{N_2}\right) \\ \dfrac{dx_2(t)}{dt} = r_2 x_2 \left(-1 - \dfrac{x_2}{N_2} + \sigma_{12} \dfrac{x_1}{N_1}\right) \end{cases} \quad (7.7)$$

求解的过程和平等共生模型相同,得到平衡点为:

$$P_1\left(\dfrac{N_1(1+\sigma_{21})}{\sigma_{21}\sigma_{12}-1},\ \dfrac{N_2(1+\sigma_{12})}{\sigma_{21}\sigma_{12}-1}\right),\ P_2(0,\ 0)$$

将方程组(7.7)各方程在平衡点处展开泰勒级数,省略掉二次及其以上各项,根据微分方程稳定性可知,P_1 是不稳定平衡点,$P_2(0,\ 0)$ 在任何情况下都为稳定平衡点。从理论上来讲,依赖型的共生合作方式不存在,但是实际中存在这种现象,比如在卡伦堡生态工业园中这种现象是存在的,其目的是为了保证系统的安全性和完整性。这种现象在其他共生系统中也有可能是存在的。

4. 分析与对策

对于上述所提出的几种共生模型,如果现实中给定促进作用系数

σ、平均增长率 r、最大生态效益 N，那么就可以用数学软件绘出各个成员之间的共生效益曲线图，就会更加清晰地展示各个成员企业间的共生关系。

（1）对于平等型共生模式而言，企业之间的共生度一般较低，企业之间没有严格的资源约束，它们之间的共生关系是比较灵活的，企业与外界发生的大量物质、能源以及信息交换并不是从系统内进行的，各个企业的独立性都比较高，平等型共生模式对于提高企业的生态效率是有限的。如果对企业之间的共生程度要求较高，那么为了使平等型共生关系稳定运行，无论是同类型企业还是异类型企业，它们的数量都要足够得多，一定要保证对于其中任何一个共生企业来讲，其共生的候选对象并不是唯一的。当现有的共生关系出现问题的时候，它还可以通过调整与其他共生企业的关系得到弥补，并不会对其正常的运行产生很大的影响。与此同时，共生系统中的各个企业应该充分挖掘内部资源上的优势，不断延伸拓展共生链条，从而能够扩展提高生态效率的途径。

（2）对于依托型共生模式而言，处于主导地位的是核心企业，卫星企业则处于依附地位，核心企业对卫星企业起着支配的作用，卫星企业在很大程度上受制于核心企业的经营状况。一般而言，核心企业都是特大型的矿业企业，对于矿区生态产业来说，矿业企业主要依托丰富的矿产资源储量，同时采矿的副产品为卫星企业提供原材料，具有规模上的优势。核心企业决定了共生模式能否持续健康地发展。即便是核心企业的经营环境发生微小的变化，都会对卫星企业产生很大影响，最终可能影响共生关系的安全性以及稳定性。缺点是万一核心企业的经营出现异常状况，那么整个系统将有可能处于瘫痪状态。依托型共生模式一般要求卫星企业的分布比较广泛，其目的就是为了保证卫星企业之间的适度竞争；要求核心企业促进卫星企业的类型、数目以及关联的多样性，其目的是保证如果系统中某一节点出现了问题，可通过产业链的调整或者搭建来保证共生系统的正常运行，从而进一步提高共生系统的整体稳定性。

（3）对于依赖型共生模式而言，其共生系统大多处于不稳定的状态。系统的稳定性受节点企业经营状况的影响比较大，企业应该慎重选择依赖型共生模式。这种模式的资产专用性比较高，并且投资是非常大的，在空间范围以及候选企业有限的情况下，依赖型共生模式容易使企业之间过度的依赖，从而影响甚至威胁到整个共生系统的稳定性。对于已经形成依赖型共生模式的企业来说，存在着两条演化道路：①拓宽行业范围以及地域空间上的范围，增加候选企业的数目，朝着平等型共生模式进行转变；②通过系统内企业的兼并以及重组，将现有资源进行优化配置，朝着依托型共生模式进行转变。

（二）基于共生策略的稳定性分析与研究

根据共生参与企业的所有权关系，共生可分为自主实体共生以及复合实体共生两种模式。自主实体共生是指参与到系统中的企业有独立的法人资格，各个企业之间在所有权上不存在隶属关系，是独立、平等的，它们之间的合作关系完全是靠利益机制来驱动的。复合实体共生是指所有参与到共生系统中的企业均属于某一家大型公司，它们是该大型公司的分公司或者是某一个生产车间（见图7.4）。这种共生

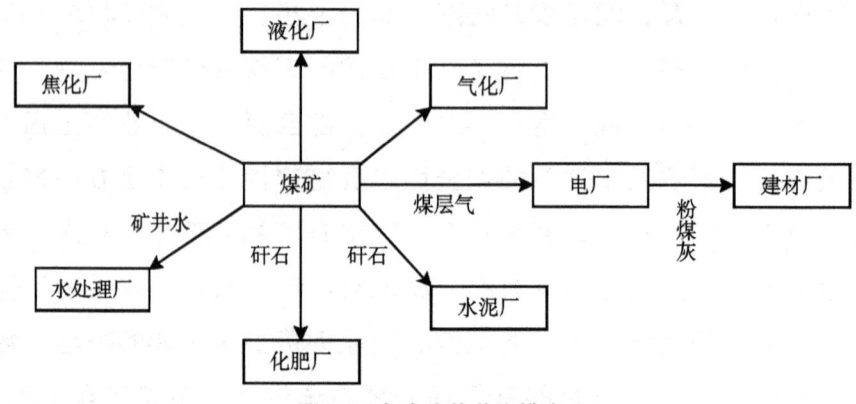

图7.4　复合实体共生模式

模式存在与否完全取决于总公司的战略规划，或者是出于总公司对资源进行优化、对业务进行整合的需要，或者是迫于对环保要求的压力而进行的，参与实体没有自主权。

当企业以自主实体共生模式进行合作时，由于合作是受利益驱动的，因此很有可能出现由于各个成员为了追求个人利益而产生的投机心理，从而导致矿区生态产业共生系统的不稳定。各成员之间合作策略的选择是相互依赖的决策性问题，可以运用博弈论来探讨自主实体共生中各成员之间的策略选择对共生系统稳定性的影响[140]。

系统稳定性的标志就是各成员之间能否长期进行合作，合作是系统稳定性的基础，因此建立博弈模型的目标就是分析各成员之间如何才能进行长期的合作。假定自主实体共生系统中成员 A 和 B，两者都有相同的策略空间：不合作与合作。不合作者可以理解为机会主义者，即违约、进行"敲竹杠"者等，这些成员的不合作行为很可能引发其他成员采取相同的措施。成员 A 和 B 可以由四个策略组合表示。

		成员 B	
		不合作	合 作
成员 A	不合作	C_1, C_1	C_2, C_3
	合 作	C_3, C_2	C_4, C_4

在上表中，当一方不合作另一方合作时，不合作方的收益 C_2 不仅高于合作方的 C_3，而且高于双方都合作时的 C_4，合作方会因为对方的不合作而使自己的收益受损，从而可以得出 $C_3 < C_4$，当双方都不进行合作时，则有 $C_4 > C_1 > C_3$，进而得到 $C_2 > C_4 > C_1 > C_3$。从上述双方博弈组合产生的策略来看，这是博弈论中一个典型的、最基本的"囚徒困境"的博弈模型，其一次博弈的唯一结果就是纳什均衡，无法达到较优效用水平（C_4，C_4）的策略组合。如果将这个一次博弈的过程进行多次完全且完美博弈，那么结果将会发生变化。根据博弈理论及其相关理论，对有着唯一的纳什均衡的一次博弈来说，进行有限次重复博

弈所得到的结果就是一次博弈结果的重复。这个有限重复博弈的结果只是（不合作，不合作）策略的重复出现。但是，假如将这个博弈扩展为无限次重复博弈，那么结果将发生变化。经过无限次的重复博弈之后，理性的双方将会在对选择合作与不合作策略下对个人所得到的效用进行比较之后再进行抉择。如果博弈重复无限次且每个企业都有足够的耐心，那么短期机会主义行为所得到的很少，每个参与到合作系统中的企业都希望能够为自己建立一个良好的声誉，与此同时，也愿意对合作方的机会主义行为进行惩罚。也就是说，合作双方看重未来产生的收益，看重合作所带来的利益时，彼此才会信任并采取合作的态度。由此也可以看出企业加入到共生网络的最终目的：长期的、稳定的以及健康的合作，而非仅仅注重短期的交易。

然而在现实中，各个成员的耐心是非常有限的，一般成员对长远的收益考虑较少，不考虑以后的发展，急功近利，对眼前的利益看得非常重。只要能实现自身的最大利益，每个成员都是可以"欺骗"或者"伤害"其他成员的，进而影响共生系统的安全性以及稳定性。对此，需要制定相应的契约制度来防范投机行为的发生。不仅如此，还要发挥政府的协调和管理功能，充分发挥政策上的优势，制定相应的法律、法规以及政策、制度，规范共生企业的行为，鼓励成员间进行诚信合作，增强系统内各个成员的凝聚力。同时，政府要建立激励机制，引导企业从发展生态产业中获得经济效益；在系统内建立信用和惩罚机制，制定信用评级制度，形成有力的失信约束惩罚机制，使之成为防止成员采取投机行为的外在威慑力量；加强各个成员之间的沟通，形成共同的组织文化，提高成员行为的一致性，减少成员之间的矛盾和冲突，降低投机行为的可能性，从而保证共生系统的安全性和稳定性。

小 结

矿区生态产业共生系统作为一种基于资源、环境以及社会三个方面高度协作的先进产业集聚模式,在其发展过程中不可避免地存在着稳定性问题。稳定性对于矿区生态产业共生系统的良好运转起着重要的作用,是共生系统的一种重要维生机制,稳定性越好,系统的维生能力就越强。影响矿区生态产业共生系统稳定性的因素很多,通过分析矿区生态产业共生系统不稳定的原因及其影响因素,深入探讨了共生模式和共生策略对稳定性的影响机理,从这两个角度对系统稳定性进行了研究。结果表明,保证矿区生态产业共生系统的稳定性,不仅要从系统内部各个成员自身出发,相互合作,形成较强的凝聚力,在获取利益的同时长期稳定地发展,还要加强系统外部的政府调控能力,发挥政策上的优势,鼓励企业间进行诚信合作,建立信用机制,提高各个成员的信用水平,减少成员间的矛盾和冲突,从而使各个成员企业长期健康、稳定地发展。由此,共生系统内外部的有机结合,为矿区生态产业共生系统的安全性和稳定性提供了有力的保障,形成了保护盾,从而保证了系统中各成员企业稳定良好地发展下去。

第八章 矿区生态产业共生系统风险研究

矿区生态产业链是矿区生态产业共生系统的重要组成部分,其组成结构对整个生态产业共生系统的风险存在着很大的影响。由于生态产业链上的单个节点企业为了谋取个人利益以及竞争上的优势,很有可能使矿区生态产业共生系统遭受各方面的风险,比如资源风险、经济风险、交易成本风险、技术风险以及政策法律风险。本章将从以上几方面对矿区生态产业共生系统所遇到的各种风险进行分析,并提出控制风险的解决方案。

一、矿区生态产业共生风险分析

由于在矿区生态产业链上节点企业行为的目的是获得竞争上的优势,这极有可能导致企业忽略了一些可能存在的风险,进而可能会影响整个矿区生态产业共生系统的稳定运行以及长远健康的发展,大多数生态产业链的延伸只是解决了眼前存在的问题,并没有从根本上解决资源上的约束,存在着的众多风险并没有得到有效的排除,从而使得整个矿区生态产业共生系统存在着很大的风险。

(一) 矿产资源储量风险

煤矿是煤炭资源开采企业，作为整个矿区生态产业链延伸的核心企业，其生产成本的变化趋势是：在原煤开采初期由于运距的缩短，使得生产的成本逐步降低，当生产的成本降低到了某个临界点以后，原煤的开采变得越来越困难，又会导致生产的成本越来越高。煤炭矿区作为复杂的、大型的社会经济系统，和一般社会经济系统相比，具有如下特征：①随着煤炭资源的开采不断扩大，其开采的成本变得越来越高，资源也相应变得越来越枯竭，这些现状是无法抗拒和改变的；②子系统中存在的煤炭资源消耗型产业——煤电产业、煤化工产业和煤炭的开采业密切相关。因此，在生态产业链延伸之后，整个煤炭矿区将成为一种聚合体，随着开采成本的增加以及资源的逐渐枯竭，煤炭资源消耗型产业所具有的优势也将逐步地丧失，市场的竞争力也将会受到极大的影响，会使得矿区生态产业共生系统陷入困难的境地；使得矿区内的环境、人口、经济以及资源等存在的矛盾越来越突出和明显；使得矿区生态产业共生系统的风险增加。另外，煤炭资源的开采对下游产业的波及效应很强，矿区生态产业共生系统的发展并没有摆脱资源上的约束，相反使得整个矿区生态产业共生系统更加地依赖煤炭资源，因此，由煤炭资源耗竭所带来的对矿区生态产业共生系统的风险不容忽视。

由于矿区煤炭储量勘查包括普查、详查和勘探等主要环节，各阶段所圈定的储量精度不同。煤炭资源普查阶段的主要工作是对经由地质理论、地球物理和地球化学等勘查范围内的煤炭资源进行发现、认识、研究和评价，确定是否适合工业开发利用。在普查、详查和勘探等每一个环节，都需要开展煤炭资源的技术经济评价，以确定是否进入下一个环节。对于通过三个环节、确定适合工业开发利用的煤田，需要钻探和其他勘探工程等手段，研究煤炭资源赋存条件及地质构造，圈定不同等级的储量（一般为A、B、C、D级储量，A级储量精度最高），阐明煤炭资源的开采技术条件、水文地质条件和矿区地理、经济与环境条件，对煤炭储量做出地质评价和经济评价，为项目可行性研究、矿井设计、建设与生产提供必需的技术经济资料。在煤田勘探阶段，存在着多种风险，在勘查范围内发现煤田的可能性、煤炭资源开发利用的可行性都蕴含着不确定性和风险性。

在矿井设计施工和生产阶段，仍然存在较大的信息不确定性。矿业生产须在矿产资源天然赋存地进行，交通运输及动力供应等生产基础设施条件一般较差，工艺技术及经济效益受制于矿产赋存丰度、埋深、产状、水文地质、构造、瓦斯、围岩力学特性等因素及其确信度，而在生产开始之前，人们对这些因素的认识并不完备，与实际情况经常存在较大差异。在煤炭资源开采期间，其储量、煤层厚度、围岩性质都会发生一定程度的变化，使得煤炭资源开发利用具有较大技术风险。

由于可采煤炭储量存在着某些不确定性因素，因而可能会影响矿区的服务年限，这也为矿区生态产业链延伸与产业共生带来了一定的风险。

（二）经济风险

1. 价格风险

首先，矿区生态产业共生系统的逐步形成，是生态产业链逐渐延伸的结果，在延伸项目的前期所需要的投资是非常大的，有较大的投资风险。根据专家估计，煤炭液化的项目，当每增加一万吨的生产能力时，所需要增加的投资约为0.6亿元到1亿元人民币。其次，替代品的市场价格对煤炭延伸产品的竞争力会产生很大的影响。煤炭实际销售价格的变化和预期的销售价格的变化，很有可能会影响到项目投资的利润及其收益情况。最后，电力价格、石油价格的变化，对于煤电产业、煤炭化工（煤化油）产业的经济效益会有很大的影响。因此，生产产品价格及替代品价格变化都会对矿区生态产业共生及产业链延伸带来较大风险。

2. 成本风险

煤炭采掘成本的逐步增加，导致煤炭市场价格的上升，从而使煤电产业、煤化工产业生产成本提高，进一步又影响到煤电产业、煤化工产业产品的市场竞争力。随着矿区生态产业共生系统的逐渐形成，将煤层气、煤液化、煤气化产品逐渐向外地运输，随着范围的扩大，所需要的运输费用也逐渐增加，从而增加了产业成本。相应地，矿区生态产业发展风险增大。

矿区内的企业加入到共生系统中，在获得众多效益的同时，也将面临着交易成本上存在的众多风险。①搜寻成本。矿区内企业加入到共生系统中，将与系统内不同的企业进行合作，在建立合作关系的过程中，企业的需求一般来说是特定的，但是随着合作关系的展开，企业向前发展，它们对现有合作伙伴可能有新的要求，当现有合作伙伴无法满足其要求时，它们将搜寻其他相关信息，这就需要花费大量的时间、人力以及财力。不仅如此，搜寻其他合作伙伴会给系统的稳定性带来影响，对生态产业链产生很大的风险。②谈判及履约成本。企业加入到共生系统时，需要与合作企业进行谈判，为了能够在谈判过程中使自己获得最大的利益，谈判将是一个耗时、费力的漫长过程，尤其是面对一个关键问题双方互不妥协时，谈判的成本将大大提高。谈判结束后，企业能否依照合同履约，也存在一定的风险，企业之间将会因互相督促对方履约而产生一系列的费用，如信息费、交通费等，从而增加了交易的成本。交易成本上存在的风险，对产业链的稳定发展影响甚大，甚至会对整个共生系统的发展产生严重的影响。

3. 需求风险

矿区一般分布于边远地区或远离城市，当地工业产业欠发达，周边地区对煤层气、煤矸石建材、工业用水的需求量较小,且需求量的波动性较大;因矿区生态产业链延伸而发展起来的煤层气产业、煤矸石建材产业、矿井水处理产业会受到产品需求量的影响而承担较大的风险;预期需求量的变化直接影响共生产业的经济效益。

(三) 技术风险

在矿区生态产业共生系统中所应用的技术,其本身就是一笔无形的资产,是一种能够进行资本运营的资本。但是在现实情况中,有些项目所应用的技术尚不成熟,比如探矿技术、工程技术以及生产技术等,涉及矿床水文地质、工程力学以及工程设计等诸多方面,在实际运作过程中,仍然存在着很大的不确定性,使得共生系统存在着较大的技术风险。如尽管在工业试验、小规模工业阶段煤化油技术已经过关,但是投入大规模工业生产、煤质变化时煤化油技术仍存在着某些不确定性。在共生系统中所应用的各项新技术应该完全发挥其作用,使煤炭伴生资源得到充分的利用,从而使产业链上各企业获得更大的利润,如果在某条产业链的延伸过程中,所应用的技术存在某些风险,仅仅是为产业链的延伸提供了某种可能性,那么这条产业链就存在着一定的风险,如果技术风险不能得到很好的控制,那么生态产业链生产经营都会有很多风险。

(四) 政策法律风险

政策上的风险主要包括产业政策、货币政策和财政政策等方面所带来的风险,政策的变化对整个系统所产生的成本及其效益都会产生无法预测的影响,存在很大的风险。近年来,我国在环境方面的法律法规和制度的建设上虽然取得了重大的成就,但是法律的原则以及制度的设计仍然是以末端控制为主导的,很少能够体现过程控制。这里的过程控制有两方面的含义:第一,就是企业生产过程的控制,即清洁生产；第二，就是企业对废弃物处理的观念转变为过程控制的观念。目前对于矿区生态产业共生系统所产生的废弃物大多以末端治理方式为主，只是从结尾来处理，产生的废弃物没有得到很好的、有效的处理，现有的政策法律对生态产业链的支持明显不足。比如《中华人民共和国清洁生产促进法》第35条规定：对利用废物生产产品的以及从废物中回收原材料的企业，税收机关按照国家有关规定减免或者免征增值税。然而，在现实的操作过程中，由于各种原因的存在，使得这项规定难以有效地执行，从而增加了产业链的风险，进一步对整个共生系统具有潜在的危险。

国家的产业政策会直接影响矿区生态产业链的延伸与发展。国家抑制房价的政策，直接影响建筑业的增长速度，因而影响建材产业的发展；利用矿业生产所排出的煤矸石发展建材产业也会受到相应的影响，矿区生态产业也会承担相应的政策风险。

经济处于不同的发展时期，国家宏观调控相应采取不同的货币政策及财政政策。国家实行积极的货币政策，货币流动性增强，企业的筹资成本降低，会刺激企业的发展，有利于矿区生态产业的发展；反之，企业的筹资成本增加，会抑制企业的发展，不利于矿区生态产业的发展。国家实行积极的财政政策，政府支出增加，刺激了相关产业产品的需求量，从而带动相关产业的发展，另外，对相关产业税收的减免也会加快产业的发展；反之，国家紧缩的财政政策会制约相关产业的发展。国家的货币政策和财政政策会对矿区生态产业的发展带来某些不确定性。

二、矿区生态产业风险控制

矿区生态产业共生系统中的产业链延伸时,由于种种风险的存在,必须采取相应的措施控制其风险,根据自身的内外条件,选择适合的发展模式。

(一) 关键种理论

在整个矿区生态产业共生系统中,当生态产业链延伸时,相关设计人员应该选择"关键种企业"作为产业链延伸的主要种群,构建生态产业共生系统。在挑选关键种企业时要符合以下条件:在矿区生态产业共生系统中,其使用和传输的物质是最多的,能量流动的规模是最大的,能够带动或牵制其他行业、企业的发展,处于中心地位,也是生态产业链的核心;其对生态产业链结构的稳定及其发展有着至关重要的作用。"关键种企业"具有向前、向后等连锁反应的效应,能够使大量的单个企业发生相互的关联和协同作用,带动整个生态产业共生系统内共生单元向前发展,能够使得整个生态产业共生系统的结构产生很大的改观。"关键种企业"在矿区生态产业链中占据着独一无二的基础地位,发挥着巨大的辐射功能,能够带动相关产业的生存与健康发展,决定着矿区生态产业共生系统的核心竞争力。如果把"关键种企业"在矿区生态产业共生系统中拿走,那么所产生的影响将是致命的,可能会导致整个共生系统的瘫痪。

(二) 重视适于矿区生态产业发展的技术研发

在矿区生态产业共生系统中,生态产业链的延伸主要依靠的是对资本的运营来完成的,技术创新对资本的运营起着基础性作用,技术创新可以提高生产效率及其产量,能够降低其生产的成本;技术创新节约了生态产业的人力资源,同时提高了矿区生态产业共生系统的生产规模。技术创新不仅能够提高各个节点企业抵御市场风险的能力,还能够为以矿业经济为主的矿区形成新的代替产业以及主导产业,在保持企业的市场竞争力情况下,使竞争力逐步提升。技术创新不断去挖掘资源利用的各种渠道,吸收新的成员加盟到矿区生态产业共生系统中,并且能够引导合作企业协同进化、共同进步,能够拓展系统的边界以及组织关系,使共生系统的稳定性大大提高,能够有效地增强矿区生态产业共生系统防御风险的能力,使得系统稳定健康地发展。

技术因素是困扰矿区生态产业发展的重要因素之一。重视矿区生态产业链适用技术的研发是基础,由于专门为构建矿区生态产业链进行的技术研发,有很多或者应用范围狭小,或者需要投入的资金多,使技术转化为现实生产力时带来的成本较高,单个企业往往难以完成。因此,适用于矿区生态产业发展的技术研发需要政策、资金和专门人才的支持。

矿区可以发挥其特有的作用,比如建立矿区内技术研发中心。矿区技术研发中心可以以矿区内的大企业为主体,有研发条件(有资金或者人才)的企业参与组建,以"股份制形式、集约开发、市场化机制"进行运作。由于矿区内的研发中心根植于矿区内部,技术研发可以与矿区产业链紧密结合,特别是在一些制约矿区内某些产业升级和建立生态产业链的关键技术方面有所作为。另外,对矿区内一些具备一定实力的企业可以重点扶持,通过各种优惠政策鼓励它们加大科研投入,建立企业技术研发部门,使其快速增长为矿区内部的技术领导者。

政府给予技术研发支持时,应避免急功近利的做法,从扶持地方特色产业长期可持续发展的角度考虑问题,给长期的基础性科研工作更大的支持。

对于新技术是否有利于循环经济的发展、是否是环境友好型技术，企业自身往往不能做出判断，应通过与高等院校和科研院所合作，共同研究新技术、新工艺、新设备和新材料，促进技术集成，才能真正实现资源利用最大化、废弃物排放的最小化，确保矿区生态产业健康发展。

（三）为矿区生态产业发展提供资金保障

政府应当对矿区生态产业发展有重要作用的重大项目给予贷款规模、资金补助、贴息贷款等资金支持。

国家应当根据地区和产业特色制定推进矿区生态产业发展的资金扶持政策。矿区一般分布于生态脆弱、水资源短缺地区，重点应关注污水处理和水资源的循环利用、伴生矿产综合利用、煤矸石及尾矿利用、特别有利于生态环境治理和保护的生态产业项目，在资金扶持政策方面予以重点扶持。

（四）构建促进矿区生态产业发展的制度供给体系

推动矿区生态产业发展，政府需要做市场做不了、企业没有能力做的事情，即政府应该为发展生态产业创造有利的软环境和制度保障。制约生态产业发展的制度因素是制度"供给不足"和"供给过剩"并存，这种局面需要通过制度创新来改进。制度创新的目标是构建一个促进生态产业发展的激励约束机制，这是一项复杂的系统工程，在制度创新过程中需要综合运用各种手段和政策。

1. 法律手段

法律手段属正式制度范畴，包括生态产业发展相关法律的立法和执法，是其他手段发挥作用的前提和基础，没有法律手段做保障，经济手段就失去效能、行政手段就无法可依、教育手段也苍白无力。从发达国家的实践来看，生态产业不是在传统的市场经济制度下自动产生的，而是在法律的强制规范下发展起来的。通过法律手段解决资源环境问题有两个明显的优势：一是法律手段具有公平性和刚性，是硬约束和正式规则，不受各种利益集团的影响；二是法律手段威慑性强，可以通过严厉制裁对知法犯法者起到震慑作用，达到预防犯罪的目的。但是法律手段也有其局限性，主要表现为法律手段是一种事后处理手段，是对已经发生的污染和损害所做出的罚款或赔偿的一种事后补救措施，是对经济活动主体保护资源环境的激励作用不足的防范。

推动全社会节约能源，促进生态产业发展，提高资源及能源利用效率，保护和改善环境，是我国实施经济发展模式转型和经济社会全面协调可持续发展的必然选择。

为此，国家于 1997 年制定实施、2007 年修改颁布了《节约能源法》，对节能管理、合理使用、节能技术进步、节能激励措施等做出了法律规定；于 2008 年颁布了《循环经济促进法》，对基本管理制度、减量化、再利用和资源化、循环经济激励措施等做出了法律规定。

相应的，矿业节能、矿产及矿区生态产业、矿产综合利用的政策焦点主要包括：

（1）作为主要耗能行业的矿产及加工部门包括钢铁、有色金属、建材、石油加工、煤炭等必须先实施节能技术政策，开展企业节能技术改造。

（2）要求统筹规划，制定合理的矿产资源开发利用方案，采用合理的开采顺序、方法和选矿工艺，开采回采率、采矿贫化率、选矿回收率、矿山水循环利用率和土地复垦率等指标经审查合格才可以颁发采矿许可证。

（3）矿山企业在开采主要矿种的同时，应当对具有工业价值的共生和伴生矿实行综合开采、合理利用；对必须同时采出而暂时不能利用的矿产以及含有有用组分的尾矿，应当采取保护措施，防止资源损失和生态破坏。

（4）鼓励利用煤层气以及煤矸石、煤泥等发电并网。

（5）推进低质矿床开发利用和矿产资源高效利用的科学技术进步，促进矿产资源加工利用产业链的延伸。

（6）强化下游产业及加工制造业能力建设，减少高耗能初级产品出口、增加进口，提高矿产品性能及附加值。

（7）发展废旧金属及其他矿产回收、尾矿及废渣制作建材等工艺及技术，加强矿产资源的循环利用。

矿产综合利用及环境保护是发展矿区生态产业的重要领域。近年来，随着我国社会经济的快速发展，资源紧缺、安全严峻和环境损害问题日益突出，国家已经将"矿产资源高效开发利用"、"综合治污与废弃物循环利用"等尾矿利用、清洁生产循环经济领域的有关问题列为2006~2020年《国家中长期科学和技术发展规划纲要》的优先主题。相应的，有关部门对尾矿综合利用及相关的安全与清洁生产问题也予以高度重视。国家颁布了《清洁生产促进法》、《可再生能源法》、《固体废物污染防治法》、《土地复垦条例》等法律法规，国家发展和改革委员会、科学技术部、工业和信息化部、国土资源部、国家安全生产监督管理总局等于2010年4月联合发布了《金属尾矿综合利用专项规划（2010~2015）》，表明国家正在加大投入、深入系统地开展基于尾矿综合利用的循环经济问题的科技研发与制度建设。

2. 行政手段

行政手段是政府部门利用行政权威和职能在促进矿区生态产业发展方面所采取的措施。各级政府部门在促进生态产业发展过程中具有其他组织无法替代的作用。尤其是当法律手段和经济手段都不能纠正外部性所引发的资源配置不当时，国家行政干预就成为必要。

政府在促进生态产业发展方面的作用主要有：一是制定生态产业发展规划，明确生态产业发展的目标、重点领域等；二是利用政府可支配的资源对生态产业发展进行投入和支持；三是形成促进生态产业发展的政府决策机制；四是利用政府的强制力量加强对资源环境的监管力度。

3. 经济手段

在市场经济条件下，采用经济手段能够激励企业主动地、创造性地发展生态产业。主要的经济手段和政策工具的类型有：明晰产权；建立市场交易机制，如排污许可交易，碳排放交易，探矿权、采矿权许可交易等；建立较为完善的税收体系和收费制度；有效利用财政金融杠杆；执行经济责任制度；运用债券与抵押手段；等等。

依据生态产业发展理念设计经济手段可以产生以下两方面的作用：一是激励作用。各种有利于资源环境的经济制度的建立和实施，可以鼓励那些率先实施低消耗、低污染的经济活动，并且能够激励经济主体进一步采取科学先进的经济技术更好地发展生态产业，把经济发展真正建立在合理利用矿产资源和有效保护生态环境的基础之上。二是约束作用。一系列绿色经济制度的建立和实施，将迫使经济主体放弃传统的高消耗、高污染的经济行为。

设计符合生态产业发展理念的经济手段，能够形成有效的激励约束机制，使经济主体必须在获得生态效益的同时才能获得经济效益。例如，针对生态产业项目采取价格补贴、亏损补贴、财政贴息、税前还贷等形式给予财政补贴；对生态产业项目产品政府优先采购；对生态产业的基础设施进行财政投资；提高资源税率；对循环利用的企业减税；等等。

对于产权边界模糊而难以界定、外部性很大的矿产资源，应继续以公共产权主体为所有者，但是，应由统一机构行使所有者管理权。完善探矿权、采矿权交易市场，采用招标和拍卖的方式出让探矿权、采矿权。对于通过招投标、拍卖等方式有偿取得的探矿权、采矿权，允许产权人依法通过出售、作价出资、股权转让、出租、抵押等方式进行流转。

4. 教育手段

教育手段是通过对生态产业相关知识的宣传普及、对生态产业法律法规的宣讲灌输，使企业和公众懂得发展生态产业的重要意义和生态产业法律法规的严肃性，使其形成生态产业发展理念并提高发展生态产业的自觉意识。教育手段属于非正式制度的范畴，主要是通过提高个人的综合素质，影响公众的价值观念、道德观念、风俗习惯和意识形态等来激发人们的内心理念，使人们自觉、主动、积极地实施符合生态产业发展要求的行为。此外，从成本—收益角度来看，教育手段投入成本低但获取收益较大。这是因为教育作为一种公共产品具有强烈的正外部效应，政府可以以较少的投入获得较大的产出。教育手段也有一定的局限性，主要表现在教育手段是一种软约束，缺乏执行中的强制力，难以形成强有力的硬约束，而且教育手段产生的效果需要较长的时间才能显现出来。因此，在生态产业发展中，教育手段只发挥辅助作用，必须与其他手段配合使用。

小　结

矿区生态产业共生系统中，生态产业链的构建需要处理好全局和局部之间的关系，处理好眼前利益和长远利益之间的关系；矿区生态产业发展的主要风险来自矿产资源储量风险，同时承担经济风险、技术风险以及政策法律风险。加强各种风险的防范与预测，当矿区生态产业链延伸时，应该优先选择"关键种企业"作为产业链延伸的主要种群，构建生态产业共生系统；重视适于矿区生态产业发展的技术创新；建立矿区生态产业发展的资金保障体系；构建较为完善的促进矿区生态产业发展的制度供给体系,包括法律手段、行政手段、经济手段和教育手段等。对于生态产业链上的单个企业而言,需要建立诚信以及应急机制,做好新技术的开发与应用;与此同时,政府应该加强法律法规的建设,健全循环经济法律法规,并保证其能够得到有效的实施。由此,生态产业链防御风险的能力才能够得到有效的保障,在获得竞争优势、追求效率以及增强产业链的弹性柔性三者之间达到一种动态的平衡,从而有效地使矿区生态产业共生系统降低各种风险,使共生系统稳定持续地发展。

第九章 研究结论与展望

一、主要结论与创新点

矿区的资源开发与生态环境、经济、社会协调发展是世界各国普遍关注的问题。选择典型的煤炭资源矿区作为研究对象，在充分了解国内外研究现状的基础上，对典型矿区的资源、生态环境、经济、社会现状进行系统的调查与分析；综合应用产业生态学、产业经济学、资源与环境管理学、区域经济学、战略管理理论、风险控制理论等开展研究，充分借鉴国内外专家研究成果，在前人研究的基础上进行创新和发展，探索构建矿区生态产业发展的制约因素及可行性；通过投入产出及技术经济分析，对生态产业链延伸模式的合理性进行论证，研究煤炭矿区生态产业评价理论与方法，进而提出矿区生态产业发展模式；深入探讨矿区生态产业链延伸机理；应用生态产业共生理论，研究矿区生态产业模式；应用 Logistic 模型和博弈论方法，研究矿区生态共生系统的稳定性；应用生态风险控制理论，分析矿区生态产业共生系统的风险因素，给出生态产业风险控制策略，丰富和完善矿区生态产业理论，促进矿区的持续、稳定、协调发展。

（一）主要结论

（1）产业生态学理论是矿区生态产业研究的理论基础，产业共生理论、生态产业园区理论以及循环经济理论与实践为此项研究提供了必要的支撑。

（2）矿区生态产业是基于矿区生态系统承载力，按生态经济原理组织起来的，具有高效的经济过程及和谐生态功能的网络型、进化型产业。矿区生态产业具有群落性、产业分布非对称性、产业网络发育的阶段性等特征。通过运用SWOT模型分析，矿区生态产业发展具有明显的优势，也存在一定的劣势和制约因素。

（3）基于对矿区生态产业链内涵的系统分析，论述了两种煤炭产业链的构建模式，即纵向主导产业链构建模式和横向耦合共生产业链构建模式。从物质流的角度对煤炭矿区生态产业链的设计进行分析，归纳了煤炭纵向一体化产业链、煤炭横向多元化产业链和煤炭扩展型产业链三种煤炭产业链网的类型。从煤炭矿区主体产业链和煤系伴生资源产业链两个方面，将煤炭矿区产业链的发展模式概括为煤—电产业链、煤—焦产业链、煤—化工产业链和煤—油产业链四种模式。进而探讨了煤系伴生资源如高岭土、矿井水、煤矸石等的综合利用途径与模式。

（4）采用定性和定量结合的分析方法，依据产业生态学、清洁生产和循环经济学的一般理论原理，遵循科学性、可比性、可操作性和3R原则，从自然资源、经济效益、环境效益和社会效益四个方面，构建了矿区生态产业评价指标体系。建立了模糊综合评价模型，运用层次分析法、熵技术修正权系数法确定各评价指标的权重，构建了各评价指标的模糊隶属度函数，确立了各指标的评价标准，进而构建出模糊评价关系矩阵。

（5）选择山东龙口矿区作为研究对象，对其自然地理、资源环境和社会经济概况进行了调查,通过分析、整理得到2007~2010年生态产业评价指标的原始数据。运用文中所建的模糊综合评价模型、层次分析法和熵值修正权系数法、模糊隶属度函数,对龙口矿区2010年生态产业发展现状进行模糊综合评价。结果表明,所建模型是正确的;龙口矿区的生态产业发展现状良好,生态产业的主要评价指标自然资源、经济效益、生态环境、社会效益的评价结果表现出了较大的差异性。基于此,提出了矿区生态产业发展相关建议:在主导产业链的基础上引入补链,延伸出建材业、种植业和养殖业三个产业链条;煤炭开采产生的矸石可经煤矸石砖厂加工成矸石砖,粉煤灰可经建材厂处理加工成陶粒和砌块,发展建材业;掘进矸石可用于塌陷土地的回填复垦变成耕地,发展种植业;矿井水经加工处理后可用于耕地灌溉,发展养殖业等。

(6)运用产业生态学、产业经济学、宏观经济学等理论,系统地研究了矿区生态产业链延伸机理,主要在于产品需求拉动、资源与环境取向、政府导向和技术支持、降低生产成本推动、经济效益拉动等几方面的动因。

(7)以产业共生理论为基础,探讨了矿区生态产业共生模式的分类方法,可从物质流向和供应链角度识别矿区生态产业共生模式。在此基础上,从行为和组织角度、运作方式和共生单元所有权角度以及共生单元关系方向角度,解析了矿区生态产业共生模式的演变趋势。

(8)利用Logistic模型和博弈论分析方法,研究了矿区生态产业共生系统的稳定性。从矿区生态产业共生系统的共生模式及共生策略两方面探讨了产业共生系统的稳定性。利用Logistic模型分析共生模式对系统稳定性的影响,利用博弈论分析共生策略对系统稳定性的影响,进而提出了相应的解决方案,以维持矿区生态产业共生系统的稳定性。

(9)应用风险控制理论分析了矿区生态产业共生系统的风险。矿区生态产业发展的主要风险来自矿产资源储量风险,同时承担经济风险、技术风险以及政策法律风险。当矿区生态产业链延伸时，应该优先选择"关键种企业"作为产业链延伸的主要种群，构建生态产业共生系统；重视适于矿区生态产业发展的技术创新；建立矿区生态产业发展的资金保障体系；构建较为完善的促进矿区生态产业发展的制度供给体系，包括法律手段、行政手段、经济手段和教育手段等，以防范和规避系统风险。

（二）主要创新点

（1）界定了矿区生态产业的概念和内涵，系统分析了矿区生态产业的基本特征，运用 SWOT 模型分析了煤炭矿区生态产业发展的竞争优势及约束力。

（2）依据煤炭矿区的资源与环境特点，系统归纳了煤炭矿区生态产业链的四种发展模式——煤—电产业链、煤—焦产业链、煤—化工产业链、煤—油产业链；探讨了煤系伴生资源如煤层气、高岭土、矿井水、煤矸石等的综合利用的途径与模式。

（3）系统研究了矿区生态产业评价方法。构建了矿区生态产业评价指标体系；建立了模糊综合评价模型，运用层次分析法、熵技术修正权系数法确定各评价指标的权重，构建了各评价指标的模糊隶属度函数。

（4）运用产业生态学、产业经济学、宏观经济学等理论，系统地研究了矿区生态产业链延伸机理。

（5）利用 Logistic 模型和博弈论分析方法，研究了共生模式和共生策略对矿区生态产业共生系统稳定性的影响机理，提出了相应的解决方案。

（6）应用风险控制理论，分析了矿区生态产业共生系统的风险，提出了降低生态产业共生系统风险的策略。

二、展望

矿区生态产业发展模式研究是一个崭新的课题，经过三年的研究和探索，初步形成系统的研究框架，取得了较大进展。但在以下几个方面存在不足，尚需进一步研究。

（1）由于矿区生态产业发展刚刚起步，产业发展对环境影响的历史数据不足，构建不同类型产业的生态环境影响系数与矿区产业结构的总体生态环境影响指数很难得到实际数据的支持，对矿区生态产业的生态环境效应研究只能限于定性分析；当生态产业发展有足够实际数据积累时，定量研究矿区生态产业的生态环境效应将是研究的重点和发展方向。

（2）由于矿区作为特殊的经济区域，投入产出的历史数据积累不足，用投入产出模型、投入产出表研究生态产业与相关产业的关联关系，以及对相关产业的波及效果很难实现，这方面研究有待进一步加强。

（3）应用风险控制理论研究矿区生态产业风险，所涉及的因素众多，不同企业生产经营的风险可用若干个变量来描述，建立矿区生态产业风险控制定量模型很难实现，这方面是未来研究的难点之所在。

（4）针对某一具体矿区的实际情况，深入研究矿区生态产业发展模式更具针对性、可操作性，对矿区的发展更具有指导意义。对矿区生态产业的发展模式还有待进行更深一步的分析和探讨。

（5）对于矿区生态产业共生系统的稳定性，有待利用 Logistic 模型进行定量的深入分析与研究。基于进化博弈论的生态产业链演进稳定性研究尚需进一步展开。

参考文献

[1] Jouni Korhonen et al. Analysing the evolution of industrial ecosystem: concepts and application. Ecological Economics, 2005 (52): 169-186.

[2] Applications of industrial ecology—an overview of the special issue. Journal of Cleaner production, 2004 (12): 803-807.

[3] John Ehrenfeld. Industrial ecology: a new field or only a metaphor? Journal of Cleaner Production, 2004 (12): 825-831.

[4] Gertler and Allenby. Industrial Ecology—An Agenda for Environmental Management. Whole Earth Review, 1995 (77): 4-19.

[5] Hamner B. What is the relationship between cleaner production, pollution prevention, waste minimization and ISO 14000? The 1st Asian Conference on cleaner production in the chemical industry, Taipei, Taiwan, 1996 (10): 9-10.

[6] Ayers R. U. Industrial metabolism, technology and environment. Washington: National Academy Press, 1989: 23-49.

[7] Søren Nors Nielsen. What has modern ecosystem theory to offer to cleaner production, industrial ecology and society? The views of an ecologist. Journal of Cleaner Production, 2006, 8 (24): 1639-1644.

[8] Urmila Diwekar. Green process design, industrial ecology, and sustainability: A systems analysis perspective. Resources, Conservation

and Recycling, 2005 (44): 215-235.

[9] Jo Dewulf et al. Integrating industrial ecology principles into a set of environmental sustainability indicators for technology assessment. Resources, Conservation and Recycling, 2005 (43): 419-432.

[10] Jouni Korhonen. Industrial ecology in the strategic sustainable development model: strategic applications of industrial ecology. Journal of Cleaner Production, 2004 (12): 809-823.

[11] Frosch R., Gallopous N..Strategies for manufacturing. Scientific American, 1989 (9): 106-115.

[12] Research Triangle Institute. Eco-industrial parks: A case study and analysis of economic envvironmental. Technical and regulatory issuse. Final report for the U.S. Environmental Protection Agency.Research Triangle Park (NC), 1994.

[13] Lowe E., Moran S., Holmes D. A Fieldbook for the Development of Eco-Industrial Parks. Report for the U.S. Environmental Protection Agency, Oakland (CA): Indigo Development International, 1995.

[14] Martin S. A., Cushman R. A., Weitz K. A. Applying industrial ecology to industrial parks: An economic and environmental analysis. Economic Development Quarterly, 1998, 12 (3): 218-237.

[15] Hawken. P. The Ecology of Commerce. Harper Business, New York, 1993.

[16] Lowe E. A., Warren, J., The Source of Value: An Executive Briefing and Sourcebook on Industrial Ecology. Battelle Pacific Northwest Library, Richland, WA, 1996.

[17] Schlarb, M. Eco-industrial Development: A Strategy for Building Sustainable Communities. United States Economic Development Administration, Cornell University, Washington DC, 2001.

[18] Chertow, M. R. Industrial symbiosis: literature and taxonomy. Annual Review of Energy and Environment, 2000 (25): 313-337.

[19] Lowe E. A., Moran S. P., Warren J. L.. Discovering industrial ecology: an executive briefing and sourcebook. Columbus, Battelle Press, 1997.

[20] Stevenson R. S., Evans J. W.. Editorial to: cutting across interests: cleaner production, the unified force of sustainable development. Journal of Cleaner Production, 2004 (12): 5-7.

[21] Barbiroli G., Raggi A. A method for evaluating the overall technical and economic performance of environmental innovations in production cycles. Journal of Cleaner Production, 2003 (11): 365-374.

[22] Ehrenfeld J.R.. Industrial ecology: a framework for product and process design. Journal of Cleaner Production, 1997 (5): 87-95.

[23] Sagar A. D., Frosch R. A.. A perspective on industrial ecology and its applications to a metals-industry ecosystem. Journal of Cleaner Production, 1997 (5): 39-45.

[24] Anastas P.T., Breen J.J. Design for the environment and green chemistry: the heart and soul of industrial ecology. Journal of Cleaner Production, 1997 (5): 97-102.

[25] Lowe E. A. Creating by-product resource exchanges: strategies for eco-industrial parks. Journal of Cleaner Production, 1997, 5 (1): 57-65.

[26] Carr A. J. P. Choctaw eco-industrial parks: an ecological approach to industrial land-use planning and design. Landscape and Urban Planning, 1998 (42): 39-57.

[27] Grant J. Planning and designing industrial landscapes for eco-efficiency. Journal of Cleaner Production, 1997 (5): 75-88.

[28] Wallner H. P.. Towards sustainable development of industry: networking, complexity and eco-clusters. Journal of Cleaner Production, 1999 (7): 49–58.

[29] Newman P. W. G.. Sustainability and cities: extending the metabolism model. Landscape and Urban Planning, 1999 (44): 219–226.

[30] Van Holderbeke M., Timmermans V. Integrated chain management by applying substance flow analysis in the Flemish region of Belgium. Corporate Environmental Strategy, 2002, 9 (3): 297–304.

[31] Upham P. An assessment of the natural step theory of sustainability. Journal of Cleaner Production, 2000 (8): 445–454.

[32] Roberts B.H.. The application of industrial ecology principles and planning guidelines for the development of eco-industrial parks: an Australian case study. Journal of Cleaner Production, 2004 (12): 997–1010.

[33] Boons, F., Berends, M. Stretching the boundary: the possibilities of flexibility as an organizational capability in industrial ecology. Business Strategy and the Environment, in press, 2001.

[34] Van Leeuwen M. G., Vermeulen WJV, Glasbergen P. Planning eco-industrial parks. An analysis of Dutch planning methods. Business Strategy and the Environment, 2003 (12): 147–162.

[35] Chertow M. R. Industrial symbiosis: literature and taxonomy. Annual Review of Energy and Environment, 2000 (25): 313–337.

[36] Korhonen J. Four ecosystem principles for an industrial ecosystem. Journal of Cleaner Production, 2001 (9): 253–259.

[37] Côté P. R., Smolenaars T. Supporting pillars for industrial ecosystems. Journal of Cleaner Production, 1997 (1): 67–74.

[38] Ayres R. U., Ayres L. W. A handbook of industrial ecology. Cheltenham: Edward Elgar, 2002.

[39] Cohen-Rosenthal E., McGalliard TN. Eco-industrial development: the case of the United States. IPTS Report, 1999, 27.

[40] Lowe E. A., Warren J. L.. The source of value: an executive briefing and sourcebook on industrial ecology. Richland, WA: Pacific Northwest National Laboratory, 1996.

[41] Korhonen J. Two paths to industrial ecology: applying the product-based and geographical approaches. Journal of Environmental Planning and Management, 2002, 45 (1): 39-57.

[42] Andrews C. J. Industrial ecology and spatial planning. In: Ayres RU, Ayres LW, editors. A handbook of industrial ecology. Edward Elgar, 2002.

[43] Carr A. J. P. Choctaw eco-industrial parks: an ecological approach to industrial land-use planning and design. Landscape and Urban Planning, 1998 (42): 239-257.

[44] Côté R. P., Cohen-Rosenthal E. Designing eco-industrial parks: a synthesis of some experiences. Journal of Cleaner Production, 1998, 6 (3): 181-188.

[45] Erkman S. Industrial ecology: a historical view. Journal of Cleaner Production, 1997, 5 (1): 1-10.

[46] Grant J. Planning and designing industrial landscapes for eco-efficiency. Journal of Cleaner Production, 1997, 5 (1): 1-5.

[47] Søren Nors Nielsen. What has modern ecosystem theory to offer to cleaner production, industrial ecology and society? The views of an ecologist. Journal of Cleaner Production, 2006, 8 (24): 1639-1644.

[48] Terry Tudor, Emma Adam, Margaret. Drivers and limitations for the successful development and functioning of EIPS (eco-industrial parks): A literature review. Ecological Economic, 2007 (61): 199-207.

[49] David Gibbs, Pauline Deutz. Implementing Industrial ecology? Planning for eco-industrial parks in the USA. Geoform, 2005 (36): 452-464.

[50] Perry Pei-Ju Yang, Ong Boon Lay. Applying ecosystem concepts to the planning of Industrial areas: a case study of Singapore's Jurong Island. Journal of Cleaner Production, 2004 (12): 1011-1023.

[51] Arun J. Basu et al. Industrial ecology framework for achieving cleaner production in the mining and minerals Industry. Journal of Cleaner Production, 2006 (14): 299-304.

[52] Margarete Kalin. Passive mine water treatment: the correct approach? Ecological Engineering, 2004 (22): 299-304.

[53] Van Beers D. Industrial symbiosis in the Australian minerals industry: the case of Kwinana and Gladstone. Journal of Industrial Ecology, 2007 (11): 55-72.

[54] Hannon, B. The structure of ecosystems. Journal Theoretical Biology, 1973 (41): 535-556.

[55] Finn, J.T. Measure of ecosystem structure and function derived from analysis flows. Journal of Theoretical Biology, 1976, 56 (2): 363-380.

[56] Borrett S.R., Patten B.C. Structure of pathways in ecological networks: relationships between length and number. Ecological Modelling, 2003, 170 (2): 173-184.

[57] Jørgensen S. E., Fath B. Examination of ecological networks. Ecological Modeling, 2006, 196 (3): 283-288.

[58] Allesina S., Ulanowicz R.E. Cycling in ecological networks: Finn's index revisited. Computational Biology and Chemistry, 2004, 28 (3): 227-233.

[59] Borrett S.R., Fath B.D. Functional integration of ecological net works through pathway proliferation, Journal of Theoretical Biology, 2007, 245 (1): 98-111.

[60] Roberts B. H. The application of industrial ecology principles and planning guidelines for the development of eco-industrial parks: an Australian case study. Journal of Cleaner Production, 2004 (12): 997-1010.

[61] Baldwin J. S., Ridgway K., Winder B., Murray R. Modeling industrial ecosystems and the problem of evolution. Progress in Industrial Ecology, 2004 (1): 39-60.

[62] Balley R., Allen J.K. Applying ecological input-output flow analysis to material flows in industrial system. Journal of Industrial Ecology, 2004, 8 (1): 45-68.

[63] Chen D.J. Analysis, integration and complexity study of industrial ecosystem. Ph.D. Dissertation, Tsinghua University, Beijing, 2003.

[64] Bodini, A., Bondavalli, C. Towards a sustainable use of water resources. International Journal of Environment Pollution, 2002 (18): 463-485.

[65] Ulanowicz, R.E, Norden, J.S. Symmetrical overhead in flow networks. International Journal of System Science, 1990 (21): 429-437.

[66] Tollner, E.W., Kazanci, C. Defining an ecological thermodynamics using discrete simulation approaches. Ecological Modeling, 2007, 228: 68-79.

[67] Tollner, E.W., Schramski, J.R., Kazanci, C., Patten, B.C. Implications of network particle tracking (NPT) for ecological model interpretation. Ecological Modeling, 2009, 220: 1904-1912.

[68] Nandan U.R., Ukidwe. Resource intensities of chemical industry

sectors in the United States via input-output network models. Computers and Chemical Engineering, 2008 (32): 2050-2064.

[69] Liang Chen, Rusong Wang, Jianxin Yang. Structural complexity analysis for industrial ecosystems: A case study on Lubei industrial ecosystem in China. Ecological Complexity, 2010 (7): 179-187.

[70] Sang Hun Kim. Economic and environmental optimization of a multi-site utility network for an industrial complex. Journal of Environmental Management, 2010 (91): 690-705.

[71] Ariana Bain. Industrial symbiosis and waste recovery in an Indian industrial area. Resources, Conservation and Recycling, 2010 (4): 1-10.

[72] 刘福生. 矿区生态产业共生与区域经济耦合机理研究 [J]. 内蒙古煤炭经济, 2007 (6): 54-56.

[73] 张青等. 矿区产业生态系统构建 [J]. 管理世界, 2005 (11): 158-159.

[74] 张国英, 梁文阁, 郑丕谔. 煤炭产业发展循环经济模式的探讨 [J]. 经济问题, 2007 (1): 22-24.

[75] 李娟娟. 煤炭生态工业园产业链构建 [D]. 天津大学硕士学位论文, 2006.

[76] 席旭东, 耿殿明. 矿区生态产业链（网）及其产业规模研究 [J]. 煤炭学报, 2009, 34 (11): 1579-1584.

[77] 席旭东, 宋华玲. 矿区生态产业链（网）结构与特性探析 [J]. 中国矿业, 2009, 18 (6): 53-56.

[78] 席旭东. 矿区资源循环利用模式研究——矿区生态产业链结构设计 [M]. 北京: 煤炭工业出版社, 2006.

[79] Engberg H. Industrial Symbiosis in Denmark [M]. New York: New York Univ., Stern Sch. Bus. Press, 1993.

[80] 王兆华, 武春友. 基于交易费用理论的生态工业园中企业共

生机理研究［J］．科学学与科学技术管理，2002（8）：9-12．

［81］王虹，叶逊．生态工业园中企业的动力机制分析［J］．环境保护，2005（7）：72-76．

［82］袁增伟．生态产业共生网络形成机理及其系统解析框架［J］．生态学报，2007，27（8）：3182-3188．

［83］蔡小军，李双杰．生态工业园共生产业链的形成机理及其稳定性研究［J］．软科学，2006，20（3）：12-14．

［84］李强，汤俊芳，钟书华．生态产业园的微观经济价值分析［J］．经济问题探索，2006（8）：75-79．

［85］徐立中，秦荪涛．基于价值链的生态产业共生系统稳定性对策研究［J］．财经论丛，2007（2）：90-96．

［86］王兆华．生态工业园工业共生网络研究［D］．大连理工大学博士学位论文，2002：12-84．

［87］王兆华．区域生态产业链管理理论与应用［M］．北京：科学出版社，2010．

［88］钱书生，李辉．企业共生模式演进及其原因分析［J］．经济管理，2006（14）：47-53．

［89］董博，夏训峰．两种工业共生组织模式的比较研究［J］．环境保护科学，2007，33（1）：35-38．

［90］郭莉．工业共生进化及其技术动因研究［D］．大连理工大学博士学位论文，2005：5-56．

［91］王兆华，尹建华．生态工业园中工业共生网络运作模式研究［J］．中国软科学，2005（2）：80-85．

［92］吴志军．生态工业园工业共生网络治理研究［J］．当代财经，2006（9）：84-88．

［93］袁增伟，毕军．生态产业评价指标体系研究及应用［J］．生产力研究，2004（12）：152-153．

[94] 刘景洋，乔琦. 生态工业园区评价指标体系研究——综合类生态工业园区 [J]. 管理科学, 2007, 27 (7): 58-61.

[95] 周强，高研. 生态工业园区评价指标体系构建的研究 [J]. 商业经济, 2007 (8): 3-5.

[96] 赵波. 中部地区省级生态工业园区评价指标体系研究 [J]. 理论探讨, 2007 (6): 69-73.

[97] 雷明，钟书华. 生态工业园区综合评价指标体系研究 [J]. 中国科技论坛, 2009 (11): 110-115.

[98] 李强，汤俊芳. 生态工业园评价指标体系的构建 [J]. 科技与管理, 2006 (4): 67-70.

[99] 黄鹏，陈森发. 生态工业园区综合评价研究 [J]. 科研管理, 2004, 25 (6): 92-95.

[100] 陈殊. 产业生态化指标体系构建及综合评价研究——基于重庆市的实证分析 [D]. 重庆大学硕士论文, 2008.

[101] 焦均志. 生态工业园评价指标体系及产业链设计——以湖南岳阳为例 [D]. 长沙理工大学硕士论文, 2007.

[102] 王向丽. 生态工业园产业链设计与评价指标体系研究 [D]. 苏州科技学院硕士学位论文, 2009.

[103] 邓华. 我国产业生态系统 (IES) 稳定性影响因素研究 [D]. 大连理工大学博士学位论文, 2006.

[104] 喻宏伟，齐振宏，冯智能，徐为. 博弈论视角下生态工业园稳定性实证研究 [J]. 工业技术经济, 2007, 26 (9): 71-73.

[105] 周浩. 企业集群的共生模型及稳定性分析 [J]. 系统工程, 2003, 21 (4): 32-37.

[106] 高伟. 产业生态网络两种典型共生模式的稳定性研究 [D]. 大连理工大学硕士学位论文, 2006.

[107] 王震，刘晶茹，王如松，杨建新. 生态产业园理论与规划原

则探讨[J].生态学杂志,2004,23(3):152-156.

[108] 韩良,宋涛,佟连军.典型生态产业园区发展模式及其借鉴[J].地理科学,2006,26(2):137-144.

[109] 汪明峰,宁越敏,胡萍,卢姗.生态产业园区的循环经济发展框架[J].地理科学,2008,28(5):624-671.

[110] 金永红,慈向阳.生态工业园区产业共生链网结构模式研究[J].科技管理研究,2008(9):286-290.

[111] 崔铁宁.生态工业园区的构成机理和推进机制[J].环境与可持续发展,2008(9):24-27.

[112] 于成学,武春友.基于循环经济的中国鲁北生态工业模式选择[J].中国软科学,2007(6):135-140.

[113] Yiping Fang et al. Industrial sustainability in China: Practice and prospects for eco–industrial development. Journal of Environmental Management, 2007 (83): 315-328.

[114] Bing Zhang et al. Eco-efficiency of industrial system in China: A data envelopment analysis approach.Ecological Economics, 2008 (68): 306-316.

[115] Lifset R. Journal of Industrial Ecology, 1997, 1(1): 12.

[116] 王寿兵,吴峰,刘晶茹.产业生态学[M].北京:化工出版社,2003:3-4.

[117] Lifset R. J., T. E. Graedel, Industrial ecology: Goals and definitions, in A Handbook of Industrial Ecology, R. U. Arges, and L. W. Ayres, eds., Cheltenham, U. K.: Edward Elgar Publishers, 3-15, 2002.

[118] 廖文杰,蒋文举,张星.基于产业生态学的工业可持续发展研究[J].中国人口·资源与环境,2006,6(16):53-56.

[119] 朱玉强,齐振宏,方丽丽.工业共生理论的研究述评[J].工业技术经济,2007,12(26):91-93.

[120] Côté R. P., Cohen-Rosenthal E. Design eco-industrial parks: a synthesis of some experiences. Journal of Cleaner Production, 1998, 6 (3/4): 181-188.

[121] 彭秀丽. 区域循环经济探析——以民族地区为例 [M]. 北京: 经济科学出版社, 2007.

[122] 马立强. 基于 SWOT 框架的我国矿区生态产业发展探讨 [J]. 中国矿业, 2011, 20 (1): 43-46.

[123] 钱鸣高, 宋振骐等. 矿区循环经济理论与技术 [M]. 徐州: 中国矿业大学出版社, 2008.

[124] 李金克, 王广成. 海岛可持续发展评价指标体系的建立与探讨 [J]. 海洋环境科学, 2004, 23 (1): 54-57.

[125] 李堂军, 曹靖宇. 矿区可持续发展评价指标体系与方法 [J]. 山东矿业学院学报, 1999, 1 (2): 48-51.

[126] 王广成, 闫旭骞. 矿区生态系统健康评价指标体系研究 [J]. 煤炭学报, 2005, 30 (4): 534-538.

[127] 王秀玲, 张立宁. 矿区生态系统健康评价理论与方法初探 [J]. 经济管理, 2007, 33 (12): 27-28.

[128] 谢季坚, 刘承平. 模糊数学方法及其应用 [M]. 武汉: 华中科技大学出版社, 2001.

[129] 李占利. 运筹学简明教程 [M]. 西安: 西北工业大学出版社, 2004: 266-269.

[130] 汪应洛. 系统工程理论、方法与应用 [M]. 北京: 高等教育出版社, 1998: 70-174.

[131] 冯义, 李洪东, 田廓. 基于熵权和层次分析法的电力客户风险评估及其规避 [J]. 继电器, 2007 (24): 71-75.

[132] 周梅华. 可持续消费测度中的熵权法及其实证研究 [J]. 系统工程理论与实践, 2003 (12): 26-32.

[133] 谢赤,钟赞.熵权法在银行经营绩效综合评价中的应用[J].中国软件科学,2002(9):108-110.

[134] 孙茂远,刘贻军.中国煤层气产业新进展[J].天然气工业,2008,28(3):5-9.

[135] 王兆华,武春友.基于工业生态学的工业共生模式比较研究[J].科学学与科学技术管理,2002(2):66-68.

[136] 孙博,王广成.矿区生态产业共生模式探析[J].山东工商学院学报,2011,25(5):47-51.

[137] 程会强.生态工业园的工业共生机理研究[D].北京工业大学,2009:44-45.

[138] 张晓婷.矿区最优工业共生模式及实现途径研究[J].中国矿业,2009(8):25-26.

[139] 孙博,王广成.矿区生态产业共生系统的稳定性[J].生态学报,2012,32(10):3296-3302.

[140] 姜启源,谢金星,叶俊.数学模型[M].北京:高等教育出版社,2003:12-14.

[141] 王欢欢.矿区生态产业评价指标体系研究[D].山东师范大学硕士学位论文,2012.

[142] 孙博.典型矿区生态产业共生模式研究[D].山东师范大学硕士学位论文,2012.